黑龙江省非物质文化遗产

山 神 节

陶相助　那国学　编著

HEUP 哈爾濱工程大學出版社

内容简介

本书由山林学说篇、咏林颂山篇和传承篇三部分组成。该书详细地介绍了黑龙江省的非物质文化遗产项目——“山神节”的来历；“山神节”这一非物质文化遗产项目的保护与传承；由十多位金史专家、学者及二十多位诗人撰写的文章和咏词。通过对一座座名川大山、高山峻岭及秀美如画景色的描写，表达了人类对大山给予的丰富物产之哺育之情的感激，这感激之情从一首首诗词、一篇篇迷人的传说、故事中缓缓流淌出来，从侧面客观地透视了满族山林文化，反映了满族的宗教信仰以及崇尚自然、珍惜资源、倡导人与自然和谐相处、爱山敬山的思想理念。

全书图文并茂，具有很强的知识性、趣味性和可读性，适合对非物质文化遗产感兴趣的人群阅读、参考。

图书在版编目(CIP)数据

山神节/陶相助，那国学编著. —哈尔滨：哈尔滨工程大学出版社，2015.3
ISBN 978-7-5661-1011-4

Ⅰ.①山… Ⅱ.①陶… ②那… Ⅲ. ①满族-少数民族风俗习惯-介绍-哈尔滨市 Ⅳ.①K892.321

中国版本图书馆CIP数据核字(2015)第065656号

出版发行 哈尔滨工程大学出版社
社　　址 哈尔滨市南岗区东大直街124号
邮政编码 150001
发行电话 0451-82519328
传　　真 0451-82519699
经　　销 新华书店
印　　刷 哈尔滨市石桥印务有限公司
开　　本 787mm×1 092mm 1/16
印　　张 14.5
字　　数 295千字
版　　次 2015年4月第1版
印　　次 2015年4月第1次印刷
定　　价 38.00元
http://www.hrbeupress.com
E-mail:heupress@hrbeu.edu.cn

编　委　会

序——也许是归程

一

这么多年做文化工作，而且始终是做接地气的文化工作，周围难免交了不少民间社会团体的文化挚热者。特别是从事非物质文化遗产保护工作以来，与阿城的十大民间协会（确切地说，应该是十二大协会，因十大协会好读上口，故称十大协会）建立了良好的协作关系，参加民间的文化活动是我的核心工作之一，经常要在民间文化活动中应邀讲几句话，致几句辞什么的。每到这时，想得最多的还是那个老问题："我们从哪里来？又到哪里去？"

开始的时候，我觉得这个问题很简单。从哪里来？从学校、书房、讲台、小小官位走出来；到哪里去？为寻找中国文化的瑰宝——金源文化的古老渊源而去。而且，由于这一来一去都是逆着潮流的（社会一般看法，只有精神有一点问题的人才去研究探索枯燥、毫无功利可言的历史文化），这样的坚持使得我心的把握更加明确。十几年前，在别人眼中，我离开文化行政业务去选择不在政府编制视野之内的金源文化的研究是不可思议的。正像有的人说我是擦着别人的肩膀正好走了个反方向。这也像是在一个特别拥挤的车站码头，一个人的倒行逆施，必然引来无数的冲撞和白眼，而且每一个冲撞和白眼都让我重新认识自己的选择。走着走着，肩膀没有了，人流也不见了，四周越来越安静，抬头一看，荒荒茫茫。我知道那里埋藏着女真先人们的气息，那里正是我要去的地方。

但是，十几年来边走边停，边看边想，发现自己渐渐地迷了路。我突然发现出发时拨定的"心理罗盘"指向反了。那些远年的传说、废墟，并不是我"去"的地方，而是我"来"的地方。

那么，我究竟要到哪里去呢？来路，越来越清晰明朗；去路，反而越走越迷茫、迷茫……这早已不是我个人的认识问题。既然来路是先秦和汉唐、赫赫女真帝国的神秘，那么，我的身边和身后，想必就渐渐热闹起来！

就金源内地（阿城的古称谓）的范围内，凡是当年我们老几位（指几十年如一日的金源文化研究者——郭长海、那海洲、关伯阳、洪仁怀等）独自寻访的冷僻、荒漠的地方，只要是写成文字发表出来，总会引起全国范围的在这一领域感兴趣的人群集结。从二次考察万里行（指王洪昌、郭长海、那海洲三人的黑、吉、辽、晋、豫等地考察和关伯阳、白玉奇、靳书田的跨省考察活动）到黑龙江流域文明的考察，最近几年金源文化的研究确实有了不小的影响。特别近五年来，我又全身心地投入到非物质文化遗产保护工作的情怀之中，通过深层次的挖掘，越来越对自己总想着的老问题"我从哪里来?"弄得明白了。我为这个问题的思考先行了几年，于是乎我周围的人也弄明白了，大家也追过来，非物质文化遗产的理念在社会、在行政机关，特别是在广阔的民间正在潜移默化地溜进更多人的心田。

但是，这种有趣的情景也给了我一种巨大的责任。必须再走一些路，看看有没有可能在"我到哪里去?"的问题上作一点深入的探索。

为此，我又走了很久、很久，走得深入、深层。直到我走遍阿城及周边地区的每一座山、每一条河、每一座边陲的村落，走访少有的古稀老人。印度大诗人泰戈尔曾说过："每一个老人都是一座博物馆,一个老人的去世,就预示着社会消失一座博物馆。”这样走下来,肯定辛苦万分,身体疲惫不堪,但我的精神世界却异常兴奋、高亢,因为我在行走中发现的一些人迹、一些炊烟、一些歌声、一些舞蹈、一些技艺、一些图画、一些传说、一些故事、一些古老的实物……才在心头隐隐自问:“这里,也许是归程?”

直到今天,我坦白地讲,还没有找到答案。可能永远也找不到。那就先向信任我的朋友们交代一下产生这种归程感的原因吧。

二

阿城古称“金源内地”。近二十年来,由于金源文化的研究不断深入,这一北方的文化瑰宝渐渐彰显其独特的魅力,人们在了解金代这座都城的同时,往往把眼光仅放在古存文物和遗迹、遗址上。但对物质文化遗产中承载的“无形文化遗产”,我国称“非物质文化遗产”,人们了解不是很多。严格地说,在中文语境里,用来翻译英文“the intangible cultural heritage”的“非物质文化遗产”这一词语,是一个可能会发生歧义和误解的词汇,容易让人产生这一类文化遗产似乎没有物质表现形式,不需要物质的载体加以呈现之类的联想。正确的认识应为:各种形式的非物质文化遗产,如我国入选联合国非物质文化遗产项目的汉族的古琴艺术、昆曲艺术,维吾尔族的木卡姆艺术,蒙古族的长调民歌,赫哲族的说唱伊玛堪等,都是靠表演它们的人和一定的乐器、道具以及具体的表演过程,这些物化的载体和表现形式才能呈现出来。然而,非物质文化遗产所重点强调的并不是这些物质层面的载体和呈现形式,而是蕴藏在这些物化形式背后的精湛的技艺、独特的思维方式、丰富的精神蕴含等非物质形态的内容。总之,非物质文化遗产指的不是物,也不是人,但又离不开物,离不开人。

读者朋友可能被我上述的内容搞迷茫了,不要紧,那我们就把目光聚焦在以下几段故事吧!

三

女真人生存于白山黑水之间,长期过着渔猎、采集的生活,天然的自然物是女真人衣、食、住之源。因此便产生万物有灵观念,崇拜信奉萨满教,对大山、大河的敬畏是心底使然。据《晋书·肃慎氏传》载,肃慎人上山采石制箭头,“必先祈神”。先人们将这个传统延伸传承几千年。到清代,有《爱新觉罗家族全书》记载:满族人的挖参活动(当然在深山里)起源于罕王努尔哈赤,每年的农历三月十六日举行老把头生日祭祀(老把头即指努尔哈赤)。这段文字记载是真是假,我们没有必要深究,为什么满族人从先民传承下来的祭山活动要以努尔哈赤的生日作活动日,我想有两个原因巧合碰在一起。一是努尔哈赤的生日确在农历三月十六日,并且,努尔哈赤是大清帝国的创建者,立有奇功,所以他的生日要充满神秘和传说。中国的历史无论是正史,还是野史,大凡都有这样记载的惯例。二是每当挖山参等活动开始,应山祈神,以保佑一年作业之平安,于是便行祭山之举,久而成风相沿至今。特别是与山打交道的人群,对这一习俗尤为敬畏。每到四月,大地泛青、柳芽鹅黄、山泉溪水潺潺,仿佛一夜之间群山鲜活绚丽起来。进山的道路两边,彩旗摇曳,每到这时,人们自然会想到:又到举行祭山的庄严民俗活动的时节了。

按照先民们留下的传承习俗,祭山前要杀一口黑猪,这源于一个古老的传说:玉皇大帝规定黑猪是敬人世间的善人善事的。后来渐渐演变成祭祀活动的内容。

按此说法，这黑猪可称为神猪了，因此在敬神猪（不能称杀猪）的过程中，还要按规定的程序进行，如祭拜、领牲等。

我第一次正式参加祭山活动是在2008年的农历三月十六日。那时我正在作非遗保护的乡村田野调查，大山里的这一民俗活动很自然地进入了我的视野，我便以一个观察员的身份参与进来。平时进行采石作业的工人，这一天穿得出奇的精神，神情庄重，心态诚笃，采石场的法人陶相助（也称把头）更是身着民族盛装，一丝不苟地按着每个规定的程序进行。当主持人高喊跪拜山神，宣读祭文时，所有到场的工友和部分像我这样的观察者纷纷跪拜在山神庙前。那凝重、庄严、虔诚的场面，攫取我自然而然地跪在地上，温顺地听从主持人的摆布。不巧的是，我跪在的这个地方是一块凹凸石头，膝盖触石处恰好是最尖锐的石尖，顿觉石尖入骨肉，疼痛周身。本能地想换一下地方，但周边全是跪拜的工友，一个挤一个，没有一点活动的余地。假如这时勉强站起来，是可以退出祭拜的队伍的。但这想法只在我的脑海里一瞬就消失了。因为我的理念就是对山要诚，在这些敬山神的工友面前，更不能有丝毫的不敬。真是神奇极了，当我全神贯注、心情宁静进行祭拜的时候，我的疼痛却全消无遗。事后才发现，石头的尖已浸入膝盖的软骨，灰白的裤子上，已浸出一片鲜红的血迹。当时我却浑然不觉。还是我的满族老哥伊少玉发现后赞叹道："永年老弟对山神最诚心，都跪出血来啦！山神爷会保佑你的。"这也是我结缘山神节，敬畏这一民俗的祭祀活动的开端。

山神节还有一个习俗，就是祭山神的仪式禁止女性参加。最初我还心有疑问，山神节时会有很多女性参加，就是祭拜这一环节，难道没有一个女性前往？但后来的一次山神节祭拜活动，却险些破了这个习俗。当时被邀的嘉宾中，有一位是区人大的领导，可能这位领导和我一样，不知道有禁女性上山祭拜的习俗，在大队祭拜队伍抬了黑猪头和各种供品上山时，她就自然加入到队伍中前行，等到行至半山腰时，大家才发现这一情况。由于她是一位人大的领导，主持人也不好意思令她下山去。但主持人的反应还算机灵，飞快地靠到我身边，说以山神爷的名义指派我一项重大的任务，将这位女同志劝下山去，还得让她心情愉快！我本想不干，但主持人是代表山神爷与我谈话，不接也得接，死命令。接吧，怎么说呀，猛抬头，这位女同志就在我眼前，是我非常尊重的一位领导者，为人口碑较好，于是上前主动问好，说要陪她到别处看一看美丽的山景。大姐是聪明人，没有说什么，就跟我下山坡，离开了祭拜的现场。初步任务完成，但还有一条，要她心情愉快，怎么说呢？眉头一皱，我计上心来。于是一个完全由我个人的思维创造想象的故事顿时生成："大姐，你知道为什么在山神节祭山场面禁女性参加吗？"她摇头。于是我就对她说："禁女性，是对女性最大的爱护，你想啊，进山采石、放木都是最苦、最危险的作业，这些活计山神爷是不想让女性来干的，所以古老的传说中就有山神爷定下来的规矩：山神爷对祭山的人员要面熟，凡是参加祭拜的人员，山神爷都要在进山作业时看到。如果女性去了，山神爷也要看到女性进山，那危险、苦累的活计不就落在女性身上啦。所以，女性不参加祭拜场面，山神爷看不到女性，进山作业的危险就没有，也就是把女性保护起来吗！这也可能是中国历史，特别是少数民族对'母系氏族'社会遗传的一种解释。女真族、满族都有对女性崇拜的传统，这一传统自然也会浸透到山神节这一古老的习俗中。"大姐听得认真，渐渐脸上泛起喜悦之情。我暗自庆幸，出色完成任务。过后我与满族民俗学者那国学等说起此事，并把我想象中的祭拜禁女性的故事叙述给他们听。他们很赞同我这个说法，并且说就是这么回事，问我以前就知道吗？我说完全是我即兴发挥的。但却反映出一个文化规律：一个人一旦进入一种文化自觉的状态,那么他的言行举止就会很自然地与文化核心状态相互联系在一起。我深信这一点,而且坚定不移。

请继续读下面的故事吧!

一个大雪弥漫的傍晚,我田野调查的行程来到了红星镇一个叫西大沟的山坳里,这里是真正意义的山里,山道崎岖蜿蜒,山村人口不多,朴素的民宅错落有致,还没有进村,就能闻到大鹅鸣叫和犬吠声。奇怪的是,当我们走进一家农户的大门,户主人出来迎接,这些鹅、狗、鸭什么的,却出奇地安静起来,仿佛完成了代替主人先行迎接客人的仪式。这是一家普通的农户,四世同堂,户主姓赵,典型的满族人家,这从家中的摆设和房屋内的格局便可以看出。我这次到这个西大沟调查是带着一个田野普查团队前行的,重点调查萨满文化的遗存现状。得知这个赵姓农户家四世同堂,而且祖奶奶吴亚琴已八十六岁高龄,是传说中的萨满二神,在当地很有名气。见面之后,我们谈话很自然地围绕“萨满”这一主题聊了起来。吴奶奶很健谈,思维非常清晰,过去的事情她记得清清楚楚。这样,我们就从那些神秘的传奇故事谈起。外屋传来热闹的切菜声,热腾腾的蒸汽也挤进屋里来。这是户主人在为我们准备晚饭。这就是山里人的实在,他们留人吃饭,向来都是行动在先,那种真诚和热情是我这几年来真真切切感受到的。这不,为了招待好我们这个团队,又有一只鸡和一只鸭子献出了生命。精彩的故事集中在吴奶奶身上。老人家因家贫十四岁就进赵家当儿媳,十七岁正式完婚,不识字,但灵性异常,老人讲过的故事,听过不忘,当地的跳大神(农民不称萨满)神曲、神词她听了就不忘,而且还能模仿,嗓子极好。在她讲述故事的时候,屋子里已经挤满了人,一问才知道,除少数几个外人,主要是吴奶奶的后人,孙子辈的为多数。这些后生对我讲,奶奶的这些故事他们平常是听不到的,只有到过年这样重大的节日,奶奶在年夜饭的环境下才讲的。我问,你们愿意听奶奶这些神话和传奇故事吗?回答几乎是同声的:愿意。我想,既然大家都愿意听,那就共同聆听奶奶的故事。我认真梳理着,吴奶奶讲的这些民间广泛流传的故事,如《狐仙救人》《乌鸦救驾》等,都是教人做善事好事,做坏事是要遭报应的,讲究善有善报,恶有恶报。这些故事无异对周围的后生们会起到一个最原生态的道德启蒙教育。

吃饭的时候到了,炕上炕下共有三桌人,户主人介绍了四世同堂的各辈人的情况,家族里没有太显赫的人物,但从事的职业都很值得赞同,不是村里的村长、支部书记,就是在某行政部门任职。记得还有一个孙子在某公安派出所任所长,见面时(特意赶回老家与我见面)发现他干练、聪慧,而且很健谈,对奶奶更是敬畏有加。在这样一个家的氛围萦绕的情况下,我认真审视这个家庭,发现他们不论是分开的,还是和奶奶同住的,不论是嫁出的女儿、侄女,还是娶进来的儿媳、孙媳,以及曾孙媳……大家相处得非常和谐,这种发自内心的和谐我从他们四代人那洋溢着的喜悦的眼神中捕捉到了。吴奶奶还能饮一点酒,酒至半酣,奶奶的儿媳凑到我耳边小声道:“奶奶的萨满小曲唱得特棒,你让她给你唱几首听听。”“既然儿媳出卖了奶奶,那就请奶奶唱几首给大家听好不好啊!”我对满屋子的人提议。在一片欢迎奶奶来一个的掌声中,奶奶略显红润的笑脸有一些紧张,问我道:“这不是迷信吗?”我回答:“不是,奶奶,这是文化,传统文化,我就是听着这样的歌渐渐成人的,知道人世间的善与恶。”听完我的回答,奶奶像是一名登台的演员,清一清嗓门:“那天上的七星,是星神那丹那拉呼的使者,我是踏着七星的光芒,来到神堂的屋檐下……”声音圆润,吐字清晰,虽然没有腰鼓和腰铃,但吴奶奶的神韵已到家了。

这就是我在做一个大的系列项目——“萨满舞”“萨满神祭”“满族传统民歌”田野调查

中遇到的真实故事,也正是在这个人口不多的大山沟里,我仿佛捕捉到了古老神秘的萨满文化的魂,也更使我坚信,传统文化的根在民间,在山里。民间文化的自觉,是文化繁荣的唯一标志。后来在讨论《萨满舞》项目的一个会议上,某领导指责我在乡下搞迷信活动,我理直气壮地回答:“这是传统文化,是我们今天文化的原点。”再后来我发现,萨满文化是金源文化的渊源,金源文化的核心价值观在几千年前萨满文化中早有体现。我们研究弘扬金源文化,继承的不正是萨满文化的灵魂所在吗?!

再回到奶奶唱小曲上来。记得那天晚上吴奶奶一口气唱了四首小调,而且奶奶不是孤立地唱,地下的一群后生们是伴唱,都很投入,即使是词对不上,但哼鸣出来的曲子是一致的。这可能就是我们常说的原生态吧。一个老奶奶她敬畏传统文化,她自己不识字,但却传承着那古老的故事传说。一个家正因为奶奶的健在,四代人和睦相处,其乐融融。

歌声成了一个家族的默契,村里的共识和世代的叮咛。但是这种叮咛从来不是疾言厉色的,而是由传统的小曲小调和神秘传奇的神话故事来完成。这样,山里乡村的古老歌曲、故事就成了一门传播的大课堂。老年传给中年,中年再传给青年,青年传给小孩子,歌(包括诗)是一种载体,传教着人们的基本情感,传教着民族的坎坷沧桑的历史。像吴奶奶这样的家族看上去极土、极俗,其实是极高、极哲学的。

第二年的春天,我率领几家媒体的记者和几位著名的摄影师重返吴奶奶家,当时正值大地被嫩绿的禾苗覆盖。见到吴奶奶时,她正在自家门前的小菜园里给酱缸打酱耙,大酱的醇香扑鼻。得知我们的来意后,吴奶奶就在小菜园地为我们唱小调小曲、讲故事。城里来的记者们被这秀美无瑕的田园美景和吴奶奶的优美小调小曲所惊呆了。朴素的农院,鸡、鸭、鹅、狗、猫具在,在这没有雕琢朴实无华的农家院里,听天籁之声、传奇故事,就好比画家在丝锦的画布上挥毫泼墨,尽情创意出的绚丽图画,稍一搭眼,就醉意绵绵了……

这就是我整理出的“满族传统民歌”“满族萨满舞”“满族萨满神祭”最原生态的生命之源,它构成了阿城金源文化遗产活态传承的基本生态。

王永年

目录 CONTENTS

山林学说篇

目录 CONTENTS

咏林颂山篇

目录 CONTENTS

传承篇

山林学说篇

感恩自然的山神节

陶相助

每年的农历三月十六，是满族民间的传统节日——山神节（满语是 alinenduli）。这一传统节日，由我作为代表性传承人并经过挖掘整理和申报，于 2010 年被黑龙江省人民政府批准为省级非物质文化遗产项目，加以保护和传承。

山神亘古在，祭祀源前清。《努尔哈赤传》《爱新觉罗家族全书》和《清史稿》等典籍资料分别记载：满清的太祖皇帝努尔哈赤，于 1559 年 3 月 16 日出生在建州女真苏克素浒河部的赫图阿拉一个不太富裕的家庭。他十岁时丧母，父亲塔克世（他失）又续房李佳氏。继母待他很不好，所以努尔哈赤就同伙伴们一起在山把头带领下，进入高山林海，开始了放山生涯。白天采集，夜晚棚宿。他挖人参、采松子、摘榛子、拣蘑菇，然后赶抚顺马市贸易，添补生活所需。

有一天，努尔哈赤和伙伴们正在窝棚里吃饭，发现门前不远的地方站着一只老虎，正虎视眈眈地望着他们。按山规遇见老虎人们必须把帽子扔给老虎，老虎若叼走谁的帽子，谁得过去为虎而食，否则大家都有危险。当大伙都把帽子撇过去后，老虎只叼努尔哈赤的帽子走了，于是他义无反顾地跟老虎走。走着走着，老虎把帽子放在一棵小树根处就不见了。努尔哈赤纳闷儿，但发现这棵小树很特别，就掰下来拿在手上。往回走时用这根杆子拨拉灌木丛，一拨拉就发现一棵人参，再拨拉还有人参，努尔哈赤心想："难道这是山神爷赐给我的神杆？"他找来伙伴们，用这根神杆拨拉着发现和挖出了很多人参。后来老把头故去之后，伙伴们一致拥戴努尔哈赤当了山把头，并且和伙伴们结拜成了把兄弟。他当山把头之后，大家就时来运转了。努尔哈赤带领着弟兄们，用山神爷所赐给的那根神杆找参挖棒槌，所到之处，棒槌又多又大，放山收获颇丰。他们认为这是山神所赏赐的，所以就开始敬山祭山。每天出去采参之前，首先焚香跪拜，向山神行三拜九叩礼之后才去找参挖参。几年下来，努尔哈赤和把兄弟就用挖棒槌、采山货的收益招兵买马，然后以十三副铠甲起兵，统一了女真各部，建立了八旗。同努尔哈赤一起放山的把兄弟们都成了八旗的四梁八柱。于1587年正月建国(史称后金)，努尔哈赤开始称罕(称王)。

满族喜依山傍水而居，以渔猎为主要生活来源。大山中有无穷无尽的山珍宝藏；有茂密的森林为人们提供建厦造屋、门窗家具、生产生活工具等理想的木材；森林中百兽竞生，百鸟争鸣，它们都是人类不可或缺的朋友；山坡地面，百花盛开、野菜鲜嫩、食用菌类繁多，人类可择其美食；山中盛产中草药材，享誉世界的《本草纲目》，就是李时珍从山中所获而作；东北的三件宝，即人参、貂皮、鹿茸角也出自山上；山体里面，金、银、铜、铁、钼、玉、铝、锡等，应有尽有；各种岩石数不胜数，人们取之不尽用之不竭，为人类的进步，社会的发展提供了极大的保障；山高水洁，条条小溪涓涓流淌，滋润着沃野良田，人畜饮之，身健神怡。

大山是聚宝盆，大山是幸福源，大山是养育满族人的摇篮。大山不仅给予了满族人物质生活保障，也为满族人创造山林文化，丰富精神生活，特别是铸造彪犷豪放、豁达大度、包容和谐、尊老爱幼等民族形象以及树立以小博大、勇于进取、吃苦耐劳、志在必得的民族精神提供了优越条件。满族人对于大山情有独钟，他们认为有了大山才有人类，有了大山人们才有幸福。人们认为从山里所获的一切都是山神爷所赐予的，所以爱山敬山，便产生了祭祀山神的习俗。人们凡是要到山里进行采集、伐木、取石、开矿、建屋等活动，都要首先祭拜山神，以求山神护祐平安和丰厚获益。

努尔哈赤建国称罕后，他的把兄弟们为了纪念拜把子放山发迹的那段历史，就把太祖皇帝努尔哈赤的生日——农历三月十六这一天定为山神节,而且得到了罕王的恩准。把兄弟们建山神庙,过山神节,从而带动了所有的族人在全族中形成了法定的习俗。这样,佛尔满洲人就将过去的随时、随地、随意祭拜山神的举动改革成了固定时间、固定地点、固定程序地过山神节,举行祭拜山神大典,虔诚地表达人们爱山敬山的真挚情怀。山神节传承至今,已有四百多年的历史。

我的祖、父辈,都对大山崇敬得五体投地。他们每逢三月十六,都要到山神庙前焚香上供,跪拜祭典。有时我也随行,便对大山产生敬仰之情。改革开放之后,我辞去机关之职下海经商,投资开办了采石场。为了唤起员工们爱山敬山、珍惜资源、保护环境、加强环保、有序开采的意识,增强安全生产的自觉性,除了进行法治教育和技术、业务培训外,在每年的三月十六山神节这一天,都组织全体员工祭拜山神,庆祝山神节。目的就是通过举办山神节,使开山采石的人们感恩自然,爱山敬山,珍惜资源,不要掠夺开采,要科学有序地合理开采,并加强生产安全,使有限的资源能够永续利用。

由我申报的满族山神节被列为省级非物质文化遗产保护名录后,于2010年农历三月十六日,在阿城区红星镇兹星村大碾子沟北大门屯东山,繁荣石场南侧的山神庙前,由阿城区满族联谊会主办,由我出资承办了第一届省级非物质文化遗产项目的山神节。省文化厅非物质文化遗产保护处的领导,哈尔滨市文化局的领导,省、市有关部门的领导,阿城区委区政府、区人大、区政协的领导,阿城区各有关部、委、办局的领导,各个协会和群众团体的友好人士等200多人参加了庆祝暨祭山活动。活动中介绍了山神节的来历;领导致贺词;敬献净豕;祭拜山神;宣读祭文;唱山神歌颂扬大山的功德,文艺演出。整个过程既庄重而又喜庆。哈、阿电视台,哈尔滨日报、哈尔滨新晚报、生活报都在黄金时段和显著版面予以报导。参加人数之多,规模之大,程序严谨,场面之隆重热烈,都是前所未有的。

从2010年的农历三月十六开始到2013年农历三月十六已经举办了四届山神节。每一届都有所创新,每一届都确定一个主题,2010年山神节的主题是“人与自然和谐”,2011年山神节的主题是“珍惜资源保护环境”,2012年山神节的主题是“爱山敬山,爱我家园”。一届比一届庄重热烈,一届比一届圆满效佳。

通过举办山神节,使我深刻地认识到:祭拜山神虽然是民间的传统习俗,表达人们对大山所赐予的物质财富和护佑平安,进行感恩拜谢的朴素情感,但是也承载和倡导了人们热爱自然,尊崇自然,爱山敬山,珍惜自然资源,人与自然和谐的思想和尊崇理念。举办山神节,是在弘扬和传承先进的传统文化,是在表现人们的文化自觉。

通过举办山神节,充分地突显了文化的力量是巨大的。这种力量促使我认识自然,利用自然,科学地改造自然的思想观念,有了很大的升华;珍惜资源,加强环保,依法办矿,安全生产,科学开采,节减用度,使自然资源得以持续利用的意识有了很大提高,利用自然资源创造物质财富,奉献社会的自觉性有了很大地增强。我做到了:

一、严行计划科学开采。凡是我开办和管理的采石场,严格按着主管部门审批的规划设计进行科学合理的开采,决不吃肥弃瘦、拔毛掠夺式地胡开乱采。计划多少采多少,怎么设计的就怎么采。

二、增配设备环保达标。我不惜投入重资,添置了除尘、消音等环保设备;开凿岩石打深水井,取水喷雾;消除了粉尘,降低了噪音。土毛和废弃料合理堆放或综合利用。尽最大努力不伐树,不破坏山体原有的植被。使环保措施达到了环保部门规定的指标。

三、强化措施安全生产。安全生产是企业的生命。我一方面制定了安全生产的规章制度并严格执行;另一方面为员工们配备安全生产的劳动保护,安全帽、工作服、皮手套、生产鞋应有尽有;再一方面对员工们进行安全生产意识教育和技术业务技能及安全生产知识培训。祭拜山神,祈求护佑,实际也是唤起员工们的安全生产意识,使每一名员工都把安全生产放在首位,并做到懂知识熟业务保安全。

四、注重效益贡献国家。企业始终坚持以质量求发展,向管理要效益的宗旨,壮大自身,贡献国家。石场平均每年生产数万立方米优质号石,有力地支援了国家的飞机场、高速路、大桥涵、楼堂厦等重点工程建设,并每年足额地向国家缴纳税费。

五、乐于相助奉献社会。大山赐予我石材,使我的企业兴旺发达,也使我走上了富裕之路。我要尽己所能做一些慈善义举,奉献于社会。几年来,先后为肇东的华胜寺、阿城的宝胜寺无偿地捐送了一些建筑石料;也为所在乡镇、村屯建房修路无偿捐送了一些石料;还出一些资金为慈兴小学无偿地修建了围墙;投资为慈兴村修筑了水泥路;先后向区政府、区民政、乡镇、村屯捐助扶贫款十多次计数十万元;还向汶川地震灾区捐了款;向阿城区内弘扬金源文化挖掘整理并申报非物质文化遗产的一些社会团体和宣传金源文化的一些文艺团体进行了无偿资助,等等。受到了社会各界的好评。

贯彻落实《非物质文化遗产保护法》,今后要努力做到:一要加强保护,积极传承。加大保护力度,把一年一度的三月十六山神节庆祝和祭山活动固定下来,形成制度化。坚持年年举办,年年有主题,年年有创新。二要固定场所,统一祭典。要保护和传承,就应当有固定的传承场所。可以实行多场集资或个人投资、捐资等形式,选择适当地点,由政府给予政策扶持,建设一座相当规模的山神庙。把一山一场、一家一户分散的祭山活动集中起来,统一时间,统一组织,统一场所,统一程序,统一祭典。这样可以节约人力、物力、财力,便于加强管理和安全防火。三要开拓创新、形成产业。山神节既然是非物质文化遗产,就应当按照十八大的精神,将其开发打造成文化产业。实行五个统一之后,一年一度的山神节就有了相当大的规模。以人与自然和谐和珍惜资源、保护环境为主题,以宏大的祭祀盛典为重点,再加以山产品展销、建筑石材展销洽谈签约和文艺表演等内容,举办成山神节庙会。形成一处独具特色的非物质文化遗产旅游景区,为"繁荣金龙山下新都市,阿什河畔明珠城"及旅游业的发展作出一定的贡献。

山神节的来历

关伯阳

肃慎、勿吉、女真、满族这几个族系非常爱山，因为他们世世代代生活在白山黑水之间，对山有着依赖性的特殊感情。“勿吉”这个词，女真语就是山林的意思，所以学者们又称他们是森林部落。在这个基础上就产生出了万物有灵的观念。对大自然充满了敬畏之情，认为整个世界有那么多神主宰着，比如风神、树神、雷电神、水神、豹神、鹰神、蛇神，甚至蘑菇神、花神，等等，山神就是其中的一个。只有尊敬这些神，照着神意去做，神才能给你幸福平安。

金史专家、满族联谊会常务会长关伯阳介绍山神节的来历

辽金时期，女真人就酷爱山林。女真人中很大一部分生活在山林周围，采集、狩猎、伐木等活动都离不开山。在不断和大山打交道的过程中，他们逐渐培养出崇拜大山、多予少取、取用有度的天人合一思想。例如，每逢上山打猎，都要向山神祷告，大意是：山神在上，子民进山打猎采伐是迫于生计，请山神谅解和保佑。我们绝不滥采滥猎，如果那样你就惩罚我们。部落的酋长都告诫自己的族人，在野兽怀仔时期不准打猎，这说明他们已经具备了朴素的生态环境意识。

老罕王努尔哈赤生母死得早，继母给他白眼，父亲骂他，他离家出走，加入了采山货的行列。那年他才十一岁。传说和努尔哈赤在一起的七个人，好长时间谁也采不着人参，愁眉不展地坐在窝棚里。忽然外面刮起一阵狂风，接着一阵吼叫，八兄弟一看，只见一只斑斓猛虎蹲在窝棚外。山里人称老虎为山神爷，按照山里的规矩，挖参人遇到老虎须向老虎投掷帽子，谁的帽子被老虎叼走，谁就作为老虎的食物。于是八兄弟一个接一个向老虎投帽子，别人的帽子老虎不理不睬，当努尔哈赤把帽子投出去，老虎叼起帽子，慢慢腾腾地走了。

努尔哈赤别了众兄弟，跟着老虎走，老虎始终与他保持一定距离并没有伤他的意思，一连过了好几道山，老虎终于把努尔哈赤带到一座悬崖的平台上，只见平台上长满绿茸茸的草，每棵草上都顶着一团红豆花儿，这时老虎不见了。第二天，努尔哈赤领着七兄弟在平台上一口气挖出了六十四棵大人参。十四岁的努尔哈赤竟当上了参把头。

清初严禁采参，但人们还是偷采私采。康熙后期，山东、河北不少受灾农民来到长白山老林子里头挖人参，俗称放山。放山的人很苦，要躲避官府的缉拿，又要与严酷的自然环境作斗争，所以一般是五七个人或十来个人集体行动，领头的叫“参把头”，人多时设“二把头”。进山时，把头领着大伙拜山神爷（又叫老把头），烧香摆供，叩头作揖，祷词：“山神爷老把头在上，弟子进山取货，请给指路，让我们开眼。拿了大货，发了大财，回来一定杀鸡宰猪给你还愿。”

放山季节一般始于清明至白露之间（农历三月至八月）。三月采参叫“放芽草市”，四五月叫“放青草市”，六七月叫“放红榔头市”，七八月叫“放韭芽花市”，也叫“放扫帚市”，由于放山是农历三月份开始，因为三月十六是老罕王努尔哈赤的生日，正是放山开始的时候，老罕王努尔哈赤又当过参把头，最初偷采人参的女真人就把这一天定为山神节，山东、河北人来了后也随着女真人过山神节，使山神节在民间延习下来。他们的祷告词是边念边唱，比如：“家住莱阳本姓孙，翻山跨海来挖参，三天吃了个蝲蝲蛄，挖不到人参不甘心！”这样的祷词只有索取，和女真人敬畏山林取用有度的原始生态意识比较，就有些变味了。

张广才岭山区，特别是阿城东部山区，民间自发的祭山神活动由来已久。特别是采石行业更重视山神节。因为他们了解，采石活动要破坏植被自然生态，破坏山体自然状态，这必然会引起天怒神怨！这样，采石人理应向神陈述原委请神谅解，希望神减轻处罚，少降灾祸，多保平安。

目前，山神节已被列为黑龙江省非物质文化遗产保护项目。山神节那天，阿城东山里一百多个采石场和十几个林场都是彩旗飘飘，秧歌队在各石场间巡回表演。祭祀时至，全体人员（女性除外）集中在山神灵位前，敬献黑猪猪头和其他供品，上香、三叩九拜，最后由主祭宣读祭辞。他们的祷词中写道："因为生计我等开山取石，实属不得已之举。我等只是用多少取多少，绝不敢滥开奢用。敬请山神核准。如滥开奢用，愿受惩罚。敬请监察，并备酒食进献以表谢忱。"人们用这种形式来继承女真先民朴素的保护生态的思想，提醒人们热爱自然、节俭用度的环境意识及和谐理念。

山神节的由来

卢文明

中国民俗有许多节日，而在山区的风俗中有个独特的节日，就是农历三月十六的山神节。顾名思义，山神节就是祭奉山神的节日。古时候人们进山采石、入林伐木、上山狩猎、垦荒种地以及采集山珍等都是在山里活动。虔诚的人们认为山无大小，皆有神灵。因此，人们就希望通过祭拜山神，祈求山神保佑一年里平安吉祥，并赐福给山里人。用今天的眼光来看，山神节应该包含着过去山民以及进山劳作人们最淳朴的环境意识和环保思想。一方面表达人们对大山赐予的吃、穿、住、用所需一切的感激之情；另一方面也对人类采集树木、山珍、石料以及狩猎动物给自然造成破坏，进而祈求山神的宽恕和自我节制的一种朴素环保意识。在山神节由来的传说中，有的被物化为具体人的形象，有的被物化为动物的形象。

山东民间就流传这样一则传说。很早以前，山东莱阳县有户人家，当家人叫孙良，闯关东来到长白山脚下。他与同村兄弟跋山涉水来到山里采石，为家中老母治病赚些银两。两人相约同来同归，不料兄弟失散。信守诺言的孙良坚持要找到兄弟一起回家，未果，孙良也饿死在荒山里。老罕王努尔哈赤登基坐殿后，听说孙良“放山”指路，保佑穷苦人采石雕刻有功，便封他为山神，掌管每座山头。因孙良的生日是三月十六，人们便把这一天定为山神节。另一个传说则把老虎奉为山神，据说也与努尔哈赤有关，是流传在北方满族民间的一个版本。有一年，十几个人在老把头的带领下进山赶棒槌（采人参），其中年仅十三岁的努尔哈赤也跟随着老把头一行人进山。刚上山，就赶上了连雨天，十多天里，他们转变了大半个山林，却没有采到一棵人参。奇怪的是，在他们进山的这十几天里，无论上山找人参，还是回到宿营地休息，感觉始终有一只老虎在周围走动，若即若离但始终不见踪影。这天早晨，大伙刚起来，赫然发现那只老虎就在离帐篷不远的地方趴着。老把头一看不对劲，赶紧把大家伙召集在一块儿商量说：“咱们上山十多天了，啥也没采着，屁股后还丁霸（土语：总是）跟着一只老虎，这是不祥之兆啊，咱们这伙人里是不是谁得罪了老虎，跟这只老虎有仇啊，这是寻仇来了。按照山规，看见老虎所有人都得把帽子扔出去，老虎要是叨谁的帽子，那就是找谁来了，谁就得以身饲虎，要不然别说采人参了，没准小命都得搭在山里头。”老把头最后说：“咱们这伙人努尔哈赤最小，让他最后一个扔。”众人一合计，没啥别的招儿，也只能这么办了，就一个个把帽子扔出去了。前边这些人扔出去的帽子，老虎连眼睛都没眨，也没动窝。可是当努尔哈赤扔出帽子，老虎跑过去闻了闻就一口叨起来，转过身来瞪眼睛瞧着努尔哈赤。大伙一看，得了，老虎找的就是努尔哈赤，看来谁也救不了这孩子了！这时候，谁也不知道努尔哈赤心里是怎么想的，只见努尔哈赤不慌不忙地站起来喊了一句“走”，老虎像听到命令似的，放下帽子不紧不慢向林子深处走去，努尔哈赤就跟在老虎身后也朝着林子里走去。大概走了半个钟头的样子，老虎带着努尔哈赤走到一处断崖前停下了脚步，回头向努尔哈赤看了一眼，点了点头。努尔哈赤心想，这是到地方了，自己来就是饲虎的，没啥说的那就让它吃吧。刚往前走了两步，忽然间老虎一闪不见了。努尔哈赤一愣，难道老虎掉断崖下面去了？赶紧跑过去趴在断崖边向下看，根本就没有老虎的踪影，倒是看见了一片他们这些天来苦寻不见的人参。这时努尔哈赤已顾不上想老虎是怎么没的了，爬下断崖赶忙用红绳把一个个人参都拴上，做好了记号后，撒腿跑回去招呼大伙儿，一块儿把这些大棒槌都抬了出来。大伙高高兴兴地下了山，变卖了人参发了一笔大财。这件事被人们争相传播，都说那只老虎是上天派来的，努尔哈赤是大命之人、大贵之人，非同常人。

正如人们传说的那样，后来的努尔哈赤统一了满族各部，成为后金首位可汗，被其子皇太极追尊为大清太祖高皇帝。后人为了纪念这个事，把老虎奉为山神，把努尔哈赤的生日农历三月十六日定为山神节。

女真萨满教与金源文化

洪仁怀

宗教是一种较为复杂的文化现象，是人们社会意识中的一种形态，是人们对支配日常生活的外部力量幻想崇拜的信仰。远古时代的人们，对浩瀚而变化莫测的自然界，只有崇拜地生活着，祈求着恩赐。生产力的低下，知识的贫乏，人们显得那么软弱无力而又无助，便有了虚幻的想象。也就有了所谓的大自然崇拜、图腾崇拜、祖先崇拜、灵魂崇拜。这些被人们崇拜的对象便幻化为神或神灵。生活在白山黑水一带的女真先民在长期历史发展过程中和中原地区氏族社会的先民一样，崇拜除人们自己之外的一切世界，包括自己逝去的祖先。也就是崇拜这些神灵，信仰便进入了萨满阶段。萨满教是原始多神教，或称原始信仰。其信念是构筑在万物均有灵魂，且灵魂不死的基础上的，最古老之记载是《晋书·肃慎氏传》："其国东北有山出石，其利入铁。将取之，必先祈神。"可见肃慎国有一山，可能出产的是矽化石类石料，可做箭头，其锋利可入铁中。也可能就是"肃慎楛矢、蜚声姬周"之矢。但在取其石前，先民要祈神，以求山神之恩赐或赏赐。祭祀山神的领祭者即为萨满类人物(当时叫什么不得而知)，是能和神说上话的人，求山神给予恩赐的通神之人。

黑龙江省绥滨地区发现女真人先世的墓地，考古发现了"昂威赫"两件。满语"昂威赫"，"即地质矿物学称谓的矽化木，俗称木变石，呈长条状，有纹理如木，呈色多种，时人用以砺簇”[1]。同时出土一条腰带,这条腰带上系有小铜铃,应该是女真人先世信奉萨满教用于娱神的“腰铃”。这对《晋书·肃慎氏传》中记述祭山神活动是有力的佐证。由此可证先民有万物有灵迹象和萨满教信仰或民俗之存在。

一、萨满教在女真氏族社会中的源头

女真先民是渔猎民族,长期生活在白山黑水之间,以采集和渔猎为基本生存方式。生活条件十分严酷,生存环境相对恶劣。人们抵抗自然界的各种灾害能力非常脆弱,而又很少知晓大自然的所以然。因而对自然界震怒而恐惧不知所措,对大自然恩赐却感到崇敬。由崇敬带来的感谢及由恐惧带来的畏惧同时产生了不理解而神化的过程。认为世界上存在的众多生物和客观物体都有灵魂之存在,都是神的寓所。换句话说,除了客观的人之外都有神之存在,且亘古长存,自生自存。这种神灵又是人所不见,只能感觉而存在的一种具备超人力力量的精灵,这是人们在自然界面前的一种懦弱。但恰是这种懦弱,成全了古时的先民。祈求神佑,也使先民们增加了生活之勇气。善良的人民相信自己的善良会得到神灵的保佑,去克服当时条件的严酷和生存的艰苦。这种神佑思想是当时氏族社会中人们的一个强大的精神支柱,这也正是萨满教在此条件下存在的合理性的所在,也是萨满教在女真先民中积极意义之所在。

由于有了神佑的思想,便更加对万物之神进行崇拜,能得到仁慈之神的“恩典”,去达到人力所达不到而又企望的结果。于是,山有山神、水有水神、树有树神、鱼有鱼神,等等。这些无穷无尽之神也就保佑着女真先民们每天能采到石头做成工具,取得火,捕着鱼,在自制陶器中做着稗米饭吃,以求得较为顺畅的生息。也就养成了拜神的习俗,想要干什么,就去祈求这个神灵。如要开山取石就先拜山神,今天要捕鱼,就拜水神和鱼神来保佑有所收获。这种将人的灵魂不灭的思维推广到所有事物之上,同时独立于形体的这些魂灵也不会死亡。这些精灵便成为女真先民的崇拜对象,也叫做实物崇拜,即学者所说的多神崇拜。我们现在平时看到一些人拜花草、拜日月,在大古树上拴红布条,他们拜的不是花草树木、日月等本身,而是它们背后代表的神灵,这也就是多神崇拜的遗风吧。在多神崇拜之中,有一些动植物或特定事物和某一部族、氏族部落(同一血源关系)先民感情较亲近,尤其是母系社会中和女性酋长感情最为贴近,当时为先民之思维还不能了解人类生殖现象之原因,便将自己部族或氏族之起源追溯或归结为这较为贴近之动植物或特定事物之上,便有了图腾祖先之观念,也即为祖先神。女真人后裔满族族源传说中将柳树或柳枝称为柳枝娘娘或佛托妈妈。传说是天神阿布卡恩都哩用身上泥搓做之人在洪水之中只剩下一个,由于抓住了柳枝才幸免于难。柳枝载他进入了一个半淹在水里的石洞,化做一个美女,和他媾合,生下了后代。这柳是始母形象,女真人拜柳之俗应是源于此的。柳树也就是生殖神和保护神。在女真先民之中,认为图腾物之神灵和老祖宗(多数为母性)结合才有了氏族的繁衍生息。

故此也就有了图腾崇拜，当然崇拜的是图腾物在远古之时的神物（多是半人半神之物）。而图腾的出现就有了血缘氏族之间的区别。女真时期各部落有许多用山、水、鱼等命名的，即是图腾崇拜之痕迹。如乌古伦部之“乌古伦”即为女真语“鱼”，没然部之“没然”即为“龙吟”，翰准部之“翰准”即为“鹤鸟”，职德部之“职德”即为“赤马”，阿典部之“阿典”即为“雷”，等等。联想现在萨满跳神时仪式之中就有各种鸟兽旗，也应是时为图腾崇拜之遗风了。图腾崇拜实质是原始自然崇拜和原始祖先崇拜的结合体。而女真人生产生活中，马、狗、海东青是忠实伴侣，就像战友一样亲，有先民作为图腾物的。但女真时期，海东青鹰那种以小博大、勇往直前、顽强耐劳之精神是作为女真整个部族的精神崇拜物而受到尊敬的。

在女真先民中也当然有祖先崇拜。母系社会就是女神形象崇拜。父系社会中，作为酋长的权力越来越大。当出现世袭制后，逐渐诞生了氏族中的贵族。生产力进一步发展，亲近部落联盟、军事部落联盟的出现，私有化的萌芽，奴隶的产生，这些必然反映在宗教观念上。平时对氏族、部落贡献大，威望高的贵族，尤其是酋长有了更大的权威。当他们去世之后，即对所谓他们的神灵进行祭拜。如撒改，世祖兄子，任国相多年，功高位重，去世后追封燕国王，配享太祖庙庭，供后人祭祀。而完颜部历届首领，不仅是自己氏族、部落，而是几乎全部生女真诸部都要祭拜。因为他们生前是英雄，死后成为神，他们之神灵成为生女真最高保护神。活着时为全氏族、部落做了那么多事情，死后成神也必然保护生女真的全体部落人民安康顺利。祖先崇拜维系看血亲关系的团结，血缘是氏族社会中最重要的共同纽带，当然是形成民族的共同心理素质最重要的源泉了。

二、女真时期萨满教之特点

人是现实的，神是抽象的，人和神是通过萨满联系在一起的。

1. 萨满之定义

萨满学者说“萨满”二字是通古斯语，现代学者解释为“激动不安之人”或“近于疯狂之人”。我认为尽管属于通古斯语系，但实质是女真语，而女真语原意为“知道”“晓彻”之意。“满萨”最早出现于典籍之中，被记载下来则是和女真关系很直接的南宋人徐梦莘著作《三朝北盟会编》中收集：“珊蛮者，女真语巫妪也，以其通变如神。”[2]原书中记述“珊蛮”肯定是当时女真人自己对此事物之原音称谓叫“珊蛮”（这是音译，称萨满无音变）。分析其意，当然应该用女真语“珊蛮”去解释，那就是“大智之人”“通晓之人”。而此人是能和神沟通之人，即人神间的媒介。而“激动不安”“近于疯狂”等，是现代人用通古斯语解释现代萨满跳神之附会牵强之说。女真时萨满即能沟通人神之间，传达神之旨意，传递人之祈求。《金史・乌古出传》记：“初，昭祖久无子，有巫者能道神语，甚验，乃往祷焉。巫良久曰：‘男子之魂至矣。此子厚有福德，子孙昌盛，可拜而受之。若生，则名之乌古乃，是为景祖。’又良久曰：‘女子魂至矣，可名曰五鸦忍。’又良久曰：‘女子之兆复见，可名曰斡都拔。’又良久曰：‘男子之兆复见，然惟不驯良，长则残忍，无亲亲之恩，必行非义，不可受也。’昭祖方念后嗣未定，乃曰：‘虽不良，亦愿受之。’巫者曰：‘当名之乌古出。’即而生二男二女，其次弟先后，如巫者所言，遂以巫者所命名之。”[3]此记载可证，一是有巫者存在即萨满，即是“什么都知道”之人；二是巫者即萨满，“能通神语”，能给预言，且百姓认为“甚验”；三是信巫者乃当时之民俗，巫者给人占卜预言乃为常事，才有“甚验”之结论。而问卜者乃完颜部之首领，且不说金昭祖石鲁是否为萨满，但从其请巫者之事，敢给首领预言，证明萨满教流行，从首领到百姓全部是虔诚相信此道的。从巫者传达神语后之事实看，金昭祖确生二子二女，名乃实焉。从金昭祖石鲁问卜求子之事成为事实，即又一“甚验”之例后，且又作为历史记录口传心记并传达给后来之女真氏民时，就会引起更大的震动。神之旨意是那么准确，那么合一。这种神秘莫测之气氛会更加浓厚，使信众对神圣力量的惊异之余更增加了对神、对萨满的依赖感、信任感和对神及萨满的敬畏感和恐惧感。同时产生的还有信萨满的安宁感及快乐幸福感，以及对神不忠不信的负罪感和羞耻感。这就使萨满教进一步扩大开来，成为全民所信仰的宗教，而且传播时间之长，范围之广都是较其他民族和地区要更久远、更深刻，可以说，萨满文化是女真文化的母文化。

萨满是人神之中介，传达神之旨意，并代氏民祈求神灵，这个角色是如何出现的？有的学者认为选择萨满是用各种奇特的方式，鉴定其资格，再经过一段学习和艰苦特定的训练方式才能成为新的萨满；有的学者认为平日练习气功、练嗓气、心气、腰气、目气等“气运”功能；有的学者认为是有过重病而又好了，但有幽气之人。而女真时不是这样的。《三朝北盟会编》中所说：“兀室（即完颜希尹）奸滑而有才，自制女真法律、文字，成其一国，国人号为‘珊蛮’。”[4]萨满是“知道”“晓彻”之意，不只是知者，而且是晓彻，知之多而彻底也。在与大自然相处之过程中，有些智商相对高些的氏民，表现反应敏锐、记忆深刻、辨别力强，对他民之先进做法学习快、吸收快，慢慢摸索感悟一些大自然及人与人、人与自然的一些规律，并逐渐发展到可以预测一些事情的发展可能，或预测其将来或吉凶。这些人被称为智者，受到人们的尊敬，例如完颜希尹者。生女真完颜部历届酋长都是智者或大智者，领导生女真人在建立军事部落联盟过程中体现了其聪明才智（此不多述，在论文《试论生女真军事部落联盟的形成》已述）。又《金史》中记“涞流水乌萨扎部杀完颜部人，昭祖往乌萨扎部以国俗治之”[5]，可知金昭祖应是首领兼萨满。“世祖天性严重，有智识”，“每战未当披甲，先以梦兆候其胜负”[6]，可证金世祖为首领兼萨满。金肃宗平桓赧、散达之乱时，“肃宗下马，名呼世祖，复自呼其名而言曰：‘若天助我当众部长，则今日之事神祇监之’。语毕再拜”。可断定金肃宗也为首领兼萨满。他们预知人之生死，与神明相通，得到神之佑护、上天相助，梦兆测吉凶等均为巫者之行为。正如恩格斯论述的那样：“各个氏族的酋长和酋帅，由于他们的职位都被列在‘信仰守护人’以内，而执行祭司的职能。”[7]氏族社会中，酋长、酋帅也是本氏族的祭司，即掌管主持宗教仪式之首领。女真人首领也同时兼任萨满，既是政治领袖，又是宗教领袖，王者萨满、政权神权集于一身的这种宗教文化现象在金太祖阿骨打身上表现记载得更是淋漓尽致。1114 年举兵后辽十万步骑围于鸭子河北，金太祖自将击之。途中“即夜，太祖方就枕，若有扶其首者三，寤而起，曰：‘神明警我也’。即鸣鼓举燧而行”[8]，收国元年（1115 年），阿骨打亲征黄龙府，“次混同江，无舟，上使一人道前，乘赭白马径涉，曰‘视吾鞭所指而行’。诸军随之，水及马腹。后使舟人测其渡处，深不得其底。”[9]宁江州誓师伐辽时“申告天地”“天地其鉴佑之”“诸军禳射”“有光如烈火，起于人足及戈矛之上，人以为兵祥”[10]。从《金史》《三朝北盟会编》及《大金国志》的许多记载，阿骨打都是政权、神权于一身，王者兼萨满的形象。利用军政大权和神权去发动女真群众（当然这是真心而不是欺骗）抗辽灭辽的。一般的部族首领如邑屯村完颜部首领桓赧等叛世祖，与之战时下令曰：“今天门开矣”，说明此首领为兼萨满者，也是智者、领袖。由于智者带有某种预见性，即或是日常生活、生产都可以带领氏民收获更多的猎物及可用品。战争当中可以少损失，鼓舞士气、趋吉避凶，取得战争之胜利，所以萨满的职责就是带领氏民争取与复杂多变的大自然及其他氏族、部族的争斗中取得和谐和胜利，使氏民们振奋精神，快乐地生活着。以上所述，可知萨满在女真时期是“智者”，而且多数首领、氏族之酋长，或女真之孛堇是兼为萨满的。

《金史》中记金景祖之昭肃皇后“唐括氏，帅水隈鸦村唐括部人，讳多保真。父石批德撒骨只，巫者也”[11]。只记为巫者，未记为孛堇，可见在女真时也有专职之萨满，但其肯定是智者，颇受人尊敬。美国著名民族学家摩尔根在论述易洛魁人的氏族宗教时说：氏族选出的司礼，“协助同部落的首领和酋帅们主持仪式，而那些首领和酋帅都是当然的司礼”[12]。另外从金昭祖问卜之事也可证巫者不是孛堇之人确系存在。从摩尔根的著作《古代社会》论述中可断定，其神权在手，几乎是和氏族部落酋长之行政权是不相上下的。《三朝北盟会编》中称谓萨满的兀室，即完颜希尹，确为女真秀才，支持阿骨打起兵抗辽，劝阿骨打登基为帝，制造女真文字法律，参与制定宋金《海上之盟》谈判，灭辽伐宋战争中战功卓著，支持金熙宗登储君之位等一系列事，其为女真文化之先驱，民族之精英。另有谢里忽者，金昭祖之叔，时为萨满。金昭祖将定法制，改变旧俗。诸父、国人不悦，已执金昭祖，将杀之。谢里忽亟往，“曰：‘吾兄子，贤人也。必能承家，安辑部众。此辈奈何辙欲坑杀之？’弯弓注矢，射于众中，众乃散去，昭祖得免。”[13]在诸父（各家族家长）和部人激烈反对并要杀金昭祖的情况下，以文武两手解决矛盾。又涞流水乌萨札部杀完颜部人，谢里忽建议由金昭祖往乌萨扎部以国俗治之。可见谢里忽是智者识人，善巫祝，可预言，敢为事、能为事，应是专职萨满者也。由此可证，女真时萨满应是文化前驱，或是先知先觉者、集氏民文化先进者及氏民所信服者。

2. 生女真民族时期萨满教的特点

（1）生女真信奉萨满教具有自觉性。

民俗是人民群众的风俗习惯，它是聚居在一起的一定人群的生产、生活习俗。任何民族的风俗习惯都是建立在一定的经济、政治基础上的文化现象，都有其产生、发展、变迁和存在的原因。由自然环境不同而形成的习尚谓之风，由社会环境相殊而形成的习尚谓之俗，由自然环境和社会环境同时交互陶冶人群形成的风俗，具有一定的时代性、地域性、民族性。它创造于民间又传承于民间，是具有世代传承特点的一种文化现象。从另一个角度说，又是一种模式化了的、共同认可的行为准则和生活方式，是社会的一种规范体系。

萨满教就是女真时期的一种带有民俗性质的宗教。几千年来，全体女真先民在积年累月中自然形成的共同信仰，应该说是集体思维的产物，它不是哪一个人创造的，没有教义，没有专门传承人，是先民们自发自觉的产物。自发而约定俗成，传承而连续因袭、独具特色。正如恩格斯在论宗教时说的那样：“古代一切宗教都是自发的部落宗教和后来的民族宗教，它们从各民族的社会和政治条件中产生，并和它们一起生长。”[14]为了当时氏民的现实生活顺畅，为了给自己带来幸福吉祥，他们信奉萨满都是自发的、自觉的，更是虔诚的。乌春，阿跋斯水温都部人，锻铁为业。曾受惠于完颜部，后受金世祖叔父跋黑居肘腑为变之诱惑而叛。“乌春来攻，世祖拒之。时十月已半，大雨累昼夜，冰覆地，乌春不能进，即而诲曰：‘此天也’，乃引兵去。”[15]兴重兵来攻，只因天象而退，可见其对天的虔诚之程度。金昭祖问巫求子得乌古出，当景祖初立，乌古出酗酒且屡悖其母威顺皇后，后曰：“巫言验矣，悖乱之人终不可留”[16]，遂于金景祖杀之。其族人怒且质问，但金昭祖仍坚持除掉，更加证实信萨满之虔诚，就是金太祖阿骨打也是笃信无疑。斡带乃太祖之母弟，金太祖以事如宁江州，还，昼寐于涞流水旁，“梦斡带之场圃火，禾尽焚，不可扑灭，觉而深念之，以为忧。是时，斡带已寝疾。太祖至,闻之,过家门不下马,径至斡带所问疾。未已,年三十四,太祖每哭之恸"[17]。从一梦而信天示其弟病疾之兆,可见女真人从统帅至百姓都是笃信萨满且虔诚。

(2)女真人萨满教具有全民性。

据宋人《虏廷事实》中记:女真人"每遇端午、中元、重九三节,择宽敞之地,多设酒醴、牢饩、饼饵、果实祭于如其所,名曰拜天。祭罢,则无贵贱老幼,能骑射者咸射柳"[18]。正如美国著名民族学家摩尔根在论述易洛魁人的民族宗教时说的那样:"某些宗教仪式被他们认为具有神圣性,于是便普及为全民族都信奉的宗教……氏族成了宗教发展的天然核心。"[19]凡重大的宗教仪式如祭天、祭祖等都"无贵贱老幼"之分,具有群众性。可以说萨满教是具有全民性。

在女真氏族社会里,人们是平等的,集体参加劳动,成果归集体所有,共同享用。每个人都融入了集体之中,尽管是个人的喜怒哀乐也会变为集体之行为。个人有了不幸或是受外氏族欺侮,都被当作集体之不幸和集体受侮一样,血亲复仇则是整个氏族义不容辞的责任和神圣的义务。如涞流水乌萨扎部杀完颜部人,金昭祖亲往乌萨扎部以国俗治之事,金昭祖代表完颜部所有氏民往治乌萨扎部杀人者。由此可断定,萨满教是女真人自发的宗教或自觉的信仰,而且是全民性的。既不是首领统帅欺骗氏民,也不是萨满欺骗氏民,而是虔诚的、由衷的全民信仰。收国元年正月,辽廷都统耶律讹里朶等率二十万大军进逼达鲁古城。阿骨打御之,"庚子,进师,有火光正圆,自空而坠。上曰'此祥征,殆天助也'。酹白水而拜,将士莫不喜跃"[20]。敌人二十万气势汹汹,金兵只三千七百人,看火光正圆之祥兆,阿骨打以首领兼萨满身份酹松花江水而拜天、拜地、拜水,祈求天佑。这时,战士们没有被强敌吓倒,反而"莫不喜跃",高兴得跳了起来。这是萨满教的功劳,皇帝阿骨打没有做战斗动员,只是说"此祥征,殆天助也",接着按萨满之习俗酹白水而拜,就起到了使将士莫不喜跃之功效,可见将士们都是虔诚笃信萨满教的。而当时这些将士又是从各部落征集的氏民百姓,可见女真氏民信此教之普遍性。石土门乃按出虎水完颜部之祖函普之胞弟保活里后裔,属同宗完颜部,居于耶懒路相距千里之遥。"弟阿斯懑寻卒,及终丧,大会其族,太祖率官属往焉"[21]。女真族人有人死而大会其族之俗。当然还有剺额祭血泪、烧饭、葬马等俗。阿骨打率官属千里之遥奔丧,大会其族,从执行规定之严谨看,无论按出虎水,还是千里之外的耶懒路完颜部人信萨满教之诚。从金昭祖问卜于巫者求子之事看,金昭祖是酋长,又是"司祭",但在此事求祈于萨满,证明他是非常相信萨满教的,但自己之问题应由主持神权之巫者解决而已。女真人"其疾病则无医药,尚巫祝。病则巫者杀猪狗以禳之或车载病人深山大谷以避之"[22]。"尚巫祝"就说明了其在氏民中的普遍性。都统欢都是"若必用战,当尽力致死"的铁骨铮铮之战将,"康宗十一年癸巳二月得疾,避疾于米里每水"[23]。可见,从酋长到氏民,从战将到百姓,从生女真核心地带到边缘地区笃信萨满教之普遍了。萨满教形成的习俗已成为女真民众的习俗,史书记载直至明末民众信仰都没有改变。

(3)由萨满教习俗形成的制度是女真社会的制约性很强的规范。

目前世界上任何宗教都有教义,都对信众有强制性的要求。萨满教没有教主教义,但是许多要求对氏民来说都是规范性的要求。如同姓不婚,以及文中所述关于丧葬习俗等都属于此列。它们的产生是由于宗教,也就是萨满教而长期形成的一些要求变成制度,或叫做法制,便成为氏族的规范性的习惯法,左右着女真人的思维方式和女真氏族社会。尤其是萨满,他们就像英国民族学家缪勒说的那样:"职责就是原封不动的保留传统,并一代一代地流传下去。"如《三朝北盟会编》中所述函普"劈本为剋,如文契约"。立了对杀人者如何惩罚之规定,由萨满执行或监督执行。金昭祖立条教,金景祖役属诸部,金世祖扩大条教内容和范围等直到金太祖阿骨打都是以萨满方式扩大军事部落联盟的内容和范围。"一切以本部法令""两世四主、志业相因、卒定离析""自是号令乃一、民听不疑矣"[24]。女真社会形成的民俗对形成女真民族、对大金建国都有很积极的意义。就是金建国后,神权及旧俗法治在关键时刻,也是起决定性作用的。如天会八年(1130 年)谙班勃极烈杲薨,谁任此职金太宗意久未决,十年(1132 年)"左副元帅宗翰、右副元帅宗辅、左监军完颜希尹入朝,与宗干议曰:'谙班勃极烈虚位已久,今不早定,恐授非人。合剌,先帝嫡孙,当立。'相与请于太宗者再三,乃从之。"[25]据《三朝北盟会编》之神麓记为:"吴乞买病,其子宗磐称,是金主之元子,合为储嗣;阿里孛宗干称,系太祖武元长子,合断元约作储君;粘罕宗雄称,于兄弟最年长,功高,合当其位。吴乞买不能预夺者累日,有杨割太师幼子乌野马完颜勖,受师于本朝主客员外郎范正图,略通文义,奏太宗曰:'臣请为筹之。初,太宗约称元谋弟兄轮做却令太祖子孙为君,盟言犹在耳。所有太祖正室慈惠皇后亲生男绳果早卒,有嫡孙喝罗可称谙班勃极烈,以为储君,见年一十五岁矣。'粘罕、兀室利于幼小易制,宗干系伯父续其母如已子也,遂共赞成其事。"[26]从中可知当时皇权之争是相当激烈的,这是两种文化的争斗和碰撞。文化传统决定人们的思维方式和价值取向,又都来源于他们的宗教信仰。其时中原文化已大量涌入女真人世界,金朝廷已大量采用唐宋官制。按中原王朝皇位继承之规则,或者说是正统之序是当今皇帝之长子。金太宗吴乞买之子宗磐位高,且有战功。按女真旧俗宗干、宗翰虽然功高位显,但都不是嫡出,他们两位都是金初的功臣和忠臣,故而只能传于喝罗。所以矛盾最突出的是从现今皇帝手中夺皇位,没有极特殊情况那是相当困难的。但为什么又成功了呢,我认为原因有二。其一也是最主要的是女真旧俗,即约定的法制起了重要作用。按女真传位习俗是兄终弟及,父死子继。待兄弟传足,再返回金太祖处传其子孙,这也是金太祖和金太宗商定的皇位继承顺序。所以完颜勖说"言犹在耳"就是这个意思。但从另一个角度看,吴乞买这个皇帝是正人君子,阿骨打没有看错。他没有从个人或自己家系利益出发,而是从国家大局出发,有政治远见,同意按权臣的旧俗意见即原定的继承顺序。这样防止了出现分裂动荡的局面,保证了国家的安定。第二个原因是大萨满完颜希尹。在阿骨打登基时他是积极的劝进派,此次宗翰等人要求希尹一起入朝,并多次和太宗进言谙班勃极烈事宜。宗翰、宗辅及宗干等人代表的是权臣旧俗，而希尹代表的是神权萨满，是代天说话的。吴乞买从小跟着阿骨打闯荡天下，抗辽灭辽，受女真旧俗影响很深，女真旧俗乃“本朝旧制”，也就是受萨满文化影响较深的。当阿骨打登基时，命为谙班勃极烈。金太祖征伐，常居守。天辅五年（1121 年），“赐诏曰：‘汝惟朕之母弟，义均一体，是用汝贰我国政，凡军事违者，阅其实罪，从宜处之。其余事无大小，一依本朝旧制。’”[27]。当吴乞买做皇帝后，常浴于河，牧于野，这次希尹和权臣们坚持的女真旧俗，他也只好答应，让完颜亶任谙班勃极烈。皇帝吴乞买在金建国十几年后仍按旧俗去办，可见萨满文化是如何根深蒂固了。此例说明金熙宗登位是女真旧俗的胜利，也可以说是萨满教规发挥了作用。当然，金熙宗受中原文化影响较深，“宛然一汉家少年子也”。登基不久即对女真旧俗进行了大刀阔斧之改革，对一些守旧之老臣予以清除，将政权向封建化路上推进了一大步，这是后话。总之萨满教是女真先民唯一的宗教信仰，形成的习俗即已成为女真氏民的行为规范。从生产到生活，从文化娱乐到军事行动，从氏民个人行为到氏族部落的政治生活都无一例外，可见，萨满教是他们的行为规范，也是他们社会进步迈入文明的思想武器，是世代精心筑造的文化圣殿，是他们适应自然、改造自然的思想武器。

三、金建国前后女真萨满教习俗

世界上从古至今宗教很多，迄今流行于世的世界性宗教有佛教、基督教、伊斯兰教、天主教及他们的分支，还有琐罗亚德教、摩尼教、婆罗门教、犹太教等几十种（当然不包括邪教）。中国有道教及一些少数民族的宗教。这些教绝大多数有创始人，有经典，有教义，有节日，有戒律，有传播、管理组织体系，有祭祀礼仪、祭祀场所等。而萨满教可以说一无所有，没有创始人，没有经典、教义，没有固定节日，没有清规戒律，更没有组织体系，没有专门的祭祀礼仪和固定场所，真是一个极为特殊的宗教。

作为女真先民文字材料都是他民族的，尤是中原民族与其交往中的零星记载，尚不知准确度如何，姑且认为都准确的话，女真萨满的记载也是凤毛麟角而已。由于史料的缺乏，很难做出正确之判断。仅就史料中只言片语收集分析如下。

1. 祭天

天是博大的，无穷无尽、深邃莫测，给人以无穷的恩赐和遐想。古代先民将大自然中的各种现象如雷电风雨、日月星辰等都认为是天之现象，故将天拟人化成为万物之主宰，而心目中的崇拜之神当然应居于天上（少部分在地下和动植物中）。女真人萨满的天，是一个复合概念，它包含了一切自然现象，又特指为一切神灵，不专指云、雾、星、日、月等神，也包含着其他神灵。这些神在天上居住着，他们地位是平等的，没有等级观念，都为女真人崇拜。而古代中原民族对天神虽是非常崇拜的，但他们心目中的天神是分层次和等级的，是有臣君之别的，各司其职，是仿人间之制而存在的。女真人尽管是万物有灵、多神崇拜，但认为“万物本乎天”，更崇拜天神。“本国拜天之礼甚重”“国莫大于祀，祀莫大于天”[28]。虽然金建国时天命观尚未成定式，但也自然成为全体氏民宗教观的思想基础。天神是至高无上之神，主宰所有人与事命运的吉凶祸福，因而对天的崇拜是最虔诚的。金世祖天性严重，在平邑屯村完颜部桓赧、散达与阿跋斯水温都部叛乱之时，由于叛部势大，斗争极烈，亲自“张弓提剑，身为军锋，突入敌阵”，大败叛军，金世祖曰：“今日之捷、非天不能及此。”金肃宗颇剌淑乃“自呼其名而言曰：‘若天助当为众部长，则今日之事，神祇监之’，语毕再拜，遂炷火束组，顷之大风自后起，火益炽”[29]，大败之。将战争胜负归于天命，而且“天助”并“神祇监之”，由天神监督执行。这样祈求是女真人天命观的虔诚反映，祈求方式是拜天、祚祷、再拜。1114 年阿骨打在做好各种准备后决意起兵抗辽，入见靖宣皇后，“即奏后，率诸将出门，举旗东向，以辽人荒肆，不归阿疏，并已用兵之意，祷于皇天后土”。收国元年(1115 年)达鲁古战役时，“进师，有火光正圆，自空而坠，上曰：‘此祥征，殆天助也。’酹白水而拜，将士莫不喜跃。”从上述史料看，女真人均以天命观治世、行事。尤其金太祖在伐辽誓师会上，“致辽之罪，申告于天地。今将问罪于辽，天地其鉴佑之’。遂命诸将传梃而誓曰：‘苟违誓言，身死梃下，家属无赦。’师次唐招带斡甲之地，诸军禳射，介而立，有光如烈火，起于人足与戈矛之上，人以为兵祥。”[30]《大金得胜陀碑》记，此誓师会“正当戮力同心，若大事克成，复会于此，当酹而名之”[31]。从中可以看出以下几点：第一自信天命。相信老天支持自己之事，用天命观给自己仗胆树威，满足自己心理上的需求。第二团结氏民。用天命、天祥之象征服民众，团结氏民、将士去做要做之事，以满足行动上的需求。第三事前祭天。先申告天地，拜天盟誓，并用“天象”“天佑”鼓励将士氏民，振奋精神，以期达到两军相持勇者胜之目的。第四伴以巫术及对天盟誓，使对天有二心之人“天必谴、降罪”，或“苟违誓言，身死梃下、家属无赦”等做以保证。第五战事后以种种迹象证明天佑、天愿、天助，敌人是如何受天谴、天灾的，回师凯旋仍要行拜天之礼，以谢天之恩典。

祭天之仪式是随条件和认识而改变的。金建国前和建国时，祭天拜天是揉在一起的。战争场面之上仪式简单明了，象征女真人的淳朴。应是跪拜、祝词祷之、再拜或酹水而拜而已。平时“以重九五、中元，重月行拜天之礼……其制，刳木为盘如舟状，赤为质，画云鹤文。为架高五六尺，置盘其上，荐食物其中，聚宗族拜之”[32]，这就是女真每个部族和家庭的祭天仪式。至今满族人家庭用神杆——素伦杆习俗仍沿习之。而在重大战事之前之祭天说法做法都很庄重繁杂。如涞流水誓师伐辽，有祷告、传梃、盟誓、禳射等仪式。禳射之法即取应死之囚犯，由众军用矢齐射之，以祓除不祥之兆，也称作射鬼箭，避凶趋吉，以壮军威。现立于吉林松原市得胜陀碑上刊石之文都已证实上述之仪。当女真人掌握政权后尤受中原文化影响，祭天礼仪有了很深刻的变化：一是国家重视；二是祭天拜天仪式分开；三是祭天礼仪异常隆重。《金史》记：“国之大事，莫重于祭，王者奉神灵祈福佑皆为民也。”[33]国家对天祭祀之重视从以下四点可以看出：

(1)皇帝自为天子,认为天命所归,王权来自神权。《大金得胜陀碑》中记“神火焰焰,光浮万里,天有显通,厥类惟彰,国家将兴,必有祯祥”[34],来神化自己的统治。而阿骨打出生之前,“有五色气屡出东方,大若二千斛囷仓之状,司天孔致和窃谓人曰:‘其下当生异人,建非常之事,天以象告,非人力所能为也。’”[35],以此来附会天之子,神化王权。此时和金建国之前的自然信天有了很大的区别,带有愚民性。

(2)祭天权力掌握在国家手里。国家之重乃祭祀,而祭祀之重在于祭天。祭礼由皇帝亲自主持进行,以期达代天管理国家之目的。

(3)建年号多以天字为号,如天辅、天会、天眷、天德、天兴等。

(4)奉祭天为国俗。《金史》载:五月“拜天射柳。故事,五月五日,七月十五日,九月九日拜天射柳,岁以为常”[35]。可见,金建国之前,女真人在三节日期就有拜天射柳之故事,已成习俗,建国后立为国俗。

“金之郊祀,本于其俗有拜天之礼。其后,太宗即位,乃告祀天地,盖设位而祭也。天德以后,始有南北郊之制,大定明昌其礼浸备”[36]。这说明从金太宗即位后,将女真旧俗之拜天之礼升为祭天地而设位。1149年后始定郊外祭天之制,1171年后配享之礼备焉。海陵迁都前,就在上京城之郊设南郊坛、北郊方丘。“冬至日,合祀昊天上帝、皇地祇圜丘,夏至日祭皇地祇于方丘,春分朝日于东郊,秋分夕月于西郊”[37]。目前,金上京城遗址南仍存有十米之高祭天坛,气势恢宏,登祭顶感慨而万千。西部社稷坛遗址及东部朝日殿遗址瓦砾遍地,阜高沟宽,尤其朝日殿遗址列为当年全国十大考古伟迹之一,可见金初祭天朝日场面之大、规模之广和虔诚之深了。大定十一年(1171年)后,祭祀礼仪完备。以唐宋制为鉴,皇帝亲祭,斋戒七日,文武百官陪祭,祭器之质高,牲献之虔诚,礼仪之繁多,文武舞樂之隆重都不降于中原。此不多述。而拜天之仪为“百官班俟球场乐亭南。皇帝靴袍乘辇,宣徽使前导,自球场南门入,至拜天台,降辇至褥位。皇太子以下百官皆诣褥位。宣徽赞‘拜’,皇帝再拜。上香,又再拜。排食抛盏毕,又再拜。饮福酒,跪饮毕,又再拜。百官陪拜,引皇太子以下先出,皆如前导引”[38]。这是大定后之仪。总之,祭天之仪不论百姓,还是官场,不管是简朴,还是繁杂,都是有序有规、庄严虔诚的。

2. 祭祖

女真人信奉“万物本乎天、人本乎祖”[39]之信条。祖先崇拜是维护道德的精神力量,是维护氏族兴旺的重要手段。氏族成员相信祖先神有能力严惩不法之徒,却希冀保护忠实可靠的氏族成员。而在祖先神中那些氏族的英雄更受到后代的尊重,人们将这些贡献大的祖先神奉为共同的信奉神灵。但女真人建国前如何祭祖史无明载。金建国后,对建国前生女真完颜部首领的英雄神之祭祀很是隆重。受中原文化影响,在原萨满教基础上首先立宗庙。《金史》记“金初无宗庙，天辅七年九月，太祖葬宫城之西南，建宁神殿于陵上，以时荐言，自是诸京皆立庙，惟在京师者曰太庙”。“皇统三年，初立太庙，八年，太庙成，则上京之庙也”[40]。“太宗天会二年，立大圣皇帝庙于西京，熙宗天眷二年九月，又以上京庆元宫为太祖皇帝原庙……世宗大定二年十二月，诏以‘会宁府国家兴王之地，宜就庆元宫址建正殿九间，仍其旧号，以时荐享’”。“五年，会宁府太祖庙成，有司言且以御客安置。先是衍庆宫藏太祖御容十有二：法服一、立容一……”“大定十六年四月十九日，奉安世祖御容”。天会十四年八月，文武百僚，太师宗磐等上议“奉上九代祖妣尊谥庙号”，并“请以始祖景元皇帝、景祖惠桓皇帝、世祖圣肃皇帝、太祖武元皇帝、太宗文烈皇帝为永不祧之庙”[41]。即是说1123 年在金太祖初葬陵建宁神殿，1136 年尊九代祖庙号，1139 年以上京庆元宫为金太祖原庙；1143 年在上京始建太庙，1151 年完工，祭列祖及阿骨打，1155 年海陵迁太庙于中都燕京，1165 年上京金太祖庙正式建成，置太祖御容十二像；1176 年又奉金世祖御容。不仅如此，而且对跟随金世祖、金太祖征战有功之臣，左右膀臂，进行配享。天德二年(1150 年)，对建国功臣配享太祖庙，诏以撒改、辞不失、斜也杲、斡鲁、阿思魁忠东向，配太祖位。以粘罕宗翰、斡里不宗望，阇母、娄室、银术可西向，配太宗位。大定八年(1168 年)，“上命画功臣于太祖庙，……乃定左庑：开府金源郡王撒改、皇伯太师右副元帅宋王宗望；右庑太师秦王宗斡、皇叔祖辽王杲”。明昌四年(1193 年)又有所变动。五年(1194 年)对建国前功臣“以仪同三司代国公欢都、银青光禄大夫冶诃、特进劾者，开府仪同三司盆纳、仪同三司拔达，配享世祖庙廷”[42]。

关于祭祖仪式在《礼志》中均有记载，对仪式程序、器皿用器、参加人员、服装、侍卫等都做了详尽规定。场面可谓大，人员可谓多，尤其是有舞人的舞蹈、殿上下鸣鞭、鼓笛之声伴和。器具尤以鼓居多，建鼓、应鼓、鞞鼓、路鼓等十几种，其中大鼓就有一百二十面，可想气势可谓恢宏，声可通天达神，隆重之极。尤为需要说明的是，对华夏祖先伏羲、神农、轩辕、少昊、颛顼、高辛、陶唐，以及舜、禹、汤、文王、武王等，认为“皆垂世立教之君”，并“令学士院撰祝文，颁各处为常例”[43]，隆重祭祀。

3. 祭社稷、山水

女真氏民对山水之祭祀仪式除本文上述外，无明文记载，金建国后对社稷、山水实行较为隆重的祭祀活动。贞元元年(1153 年)“有司奏建社稷坛于上京”，明昌五年(1193 年)，礼官言：“国家自祖庙禘祫五享外，惟社稷、岳镇海渎定为常祀。”对社坛、稷坛修建制式及祭祀仪式程序、人员服饰、乐工等做了明确规定。“其州郡祭享，一遵唐、宋旧仪”[44]。可见，国家祭祀程序也参照中原唐宋旧仪。

大定四年(1164 年)，礼官言：“岳镇海渎，当以五郊迎气日祭之。”诏以典礼以四立，土王日就本庙致祭，其在他界者遥祀。立春，祭东岳于泰安川。立夏，望祭南岳衡山。立秋，祭西岳华山于华州。立冬,祭北岳恒山于定州。并封许多山为王、江河为王等,同样有一整套的祭祀程序。对女真兴王之地山水另有封册。大定十三年(1173 年),封长白山为"兴国灵应王,即其山北地建庙宇"。十五年(1175 年)定封册仪物。其册文有"阙惟长白,载我金德,仰止其高,实惟我旧邦之镇。混同流光、源所从出。秩秩幽幽、有相之道,列圣蕃衍炽昌,迄于太祖、神武征应,无敌天下,爰做神主"。"明昌四年(1193 年),复册为开天弘圣帝"。大定二十五年(1185 年),乃封混同江神为"兴国应圣公,致祭如长白山仪"。同年"敕封上京护国林神为护国嘉荫侯"[45]。后依次对泸沟河、麻达葛山等都进行了封册。当然这些都是在萨满教之多神崇拜基础上揉进了中原唐宋文化的结果。

4. 巫术

一切宗教都不过是支配人们日常生活的外部力量在人们头脑中的幻想的反映,对这种力量信仰和崇拜之目的是为了解决人们自己力不从心解决不了的问题而已。换句话说,就是求助于神灵之力量。一般情况下,是用尊崇祈求的办法。如祈求老天保佑战争胜利的肃宗,平散达、桓赧之战役一拜再拜,祷词祈求之。但还有用权术和计谋使神消灭对方或唤取神对对方的恶感使对方失败,以达自己胜利之目的的手段。如阿骨打涞流水举兵伐辽誓师会上之禳射之法,就是诅咒对方失败,除凶趋吉。一般人们将祈求之软的手段称之为宗教,将权术之硬的办法称为巫术。实质二者本质是一样的,只不过表现手法不同,而女真人萨满通常是两种方法共用。现代人们将解决非人力可以达到目的的一切具体办法均划在巫术之范围内,如占卜吉凶、预言祸福、祈雨求神、赶鬼治病、诅咒邪术等,而这些当时女真人均在祈祷时为萨满所为之,也同时为所有女真人而信之的。《金史》记天会八年(1130 年)三月"宗弼及宋韩世忠战于镇江,不利"[46]。时任宋浙西制置使韩世忠据兵八千扼守镇江口,"世忠以轻舟来挑战,一日数接,将至黄天荡"[47],几战均宗弼兵败,几求均被韩世忠所拒,将宗弼之十万大兵逼入一死港黄天荡之中被困四十八天。"兀术一夕潜凿渠三十里,日用方士计,刑白马,妇人心,自割其额祭天。次日风止。我军帆弱不能远,金人以小舟纵火,矢下如雨"[48]。宗弼挖老鹳河故道开三十里通秦淮,一日一夜而成,乃得至江宁。这段历史记述了宋人抗金的第一场胜仗,也就是梁红玉击鼓抗金兵之故事。宗弼(兀术)在史称搜山捡海战役中追宋高宗于海上,返回途中,由于北兵不习水战,且船小浪高,十万大军毫无办法被逼入黄天荡死港,被困四十八天。便使用了巫术之法,一是刑白马,二是妇人心,三是自剺其额。白马乃北方少数民族认为可通天之神,杀白马用以祭天。杀妇人,是将女人代替北方民族祭天必备的青牛(参阅张碧被《女真族萨满文化论》)。自割脸额,血祭于天。血是女真人认为人们之魂魄所寄地,血尽则命无,血祭为最真诚的膜拜。这三个办法既是祈求天神佑金兵,产生一些魔力、神力,又是求天神惩罚宋兵,诅咒宋军使之失败。类此事很多,如海陵王伐宋时"遂筑台于江上,海陵披金甲登台,杀黑马以祭天,以一羊一豕投于江中”[49]。金太祖涞流水伐辽誓师会后“师次唐括带斡甲之地，诸军禳射，介而立，有光如烈火，起于人足及戈予之上，人以为兵祥”。当辽天祚帝亲率七十万大军，决定剿灭女真时，阿骨打也剺额血祭之法激励战士并希冀神兵消灭辽军。民间也有用巫术者，海陵王之弟完颜衮时任西京留守，西京武将兵马司漠卢瓦与其旧好，常往来并互赠物品，并召巫者给衮问卜，家奴“乃上变告之，言与漠卢瓦等谋反，尝召日者问天命……海陵怒，使使者往械蒲家等至中都，不复究问，斩之于世”[50]。日者乃巫也。可见巫术是人们习以为常之事。而最典型之例子则是《金史·谢里忽传》中所记建国前的女真巫术。“国俗，有被杀者，必使巫觋以诅祝杀之者，乃系刃于杖端，与众至其家，歌而诅之曰：‘取尔一角指天，一角指地之牛，无名之马，向之则华面，背之则白尾，横视之则有左右翼者’，其声哀切凄婉，若《蒿里》之音。即而以刃画地，劫取畜产财物而还，其家一经诅祝，家道辄败。”[51]巫是神示者，又是执法者。其执法者是一边作歌，歌声低哀凄婉，一边实是诅祝（咒），手中执权杖（神杖），杖端系以刀刃，以刃划地。走时劫取畜产财物以归（按当时萨满规定是四成充公，六成偿被杀者之家）。其歌应为萨满请神之歌，也是神示之歌，当然是有史以来史学记载中最古老的神歌了。其曲调只知声哀切凄婉，若《蒿里》之音，而不知其具体。其歌词谓咒语，似乎是不明不白，非牛非马、非鸟非兽、若明若暗之物。细分析则是女真人信奉之神牛、神马之形象。神牛一角指地，另一角指天，指通天地之神牛。神马系白尾即白马，华面而且有左右翼者谓马头有装饰，马身有双翼的白色飞天神马。神牛神马即巫者请來的天神，是代天执行天喻的。其歌也有娱神之功效，用此神牛神马保护受害者，并诅咒杀人者。杀人者一经巫者诅咒，其思想精神受到极大的压力，又被约规劫走畜财必家道辄败。正是通过巫术解决女真内部纷争，达到团结民众之目的。可以说巫术在氏族社会的女真时期，是有一定积极意义的。当然随着社会进步，巫术的反社会性日益显见。

5. 跳神

目前流行于一些民族（满族、蒙古族、达斡尔族、鄂温克族、鄂伦春族、赫哲族等）中的跳神，许多书中都作为萨满教的唯一仪式。许多人现在一提起萨满教就认为跳大神，这是不全面的，是误解。当然，最近欧、美、日本等地区和国家出现了新萨满学说，“强调神灵在萨满医疗中的决定作用……已成为现代都市人调整身心状态改变精神面貌的有效方式之一”（郭淑云语）。国内陕西有人重提黄帝之“朱由术”等是否与女真萨满有什么同异，待商榷。

传统的跳神目的有三：一是消灾求福，二是为人治病，三是传宗授法。传宗授法已趋于消亡，在目前最多的则是第二种，求魂祛病。而一些少数民族中祭祖等正常的民俗活动也跳神，也就是祈福求平安也有流行。在生产力高度发达的今天，原始渔猎生产方式的上层建筑——萨满教之观念已完全不适应当今之政治经济生活。而禁止用跳神办法给人治病，从清朝初时就开始了。在《清太宗实录》中记，清太宗皇太极诏曰：“满洲、蒙古、汉人、端公、道士,永不许与人有跳神拿邪,妄言祸福,蛊惑人心。若不尊者,杀之。"[52]而且皇太极亲自下令杀过违抗之萨满。

跳神要有服装和工具,包括神衣、神帽、神鞋等,工具有手鼓、神扳、鼓鞭、腰铃、铜镜等,神帽上有鸟、鹿等形。其实女真时代萨满活动是否用跳神方式,文献中无明显记载。从金昭祖往治乌萨礼部之事看巫者请神,唱神歌,且声哀凄婉又以刀杖划地,可证有娱神之歌舞。与今天跳神比,只不过是较为简单些了。女真人是好歌舞的。"君则与臣下杂坐于炕,后妃躬侍饮食,或国主复来臣下之家,君臣宴乐,携手握背,咬颈扭耳,至于同歌共舞"[53]。尤为《满洲源流考》国俗中记:"酒之行,乐作。鸣钲击鼓,百戏以出,有大旗、狮、豹、刀牌、砑鼓、蹈跷……服色鲜明。又有五六妇人,立于百戏后,各持两镜,高下其手,镜光闪烁,如祠庙所画电母,此为异耳"[54],可见歌舞中,鼓乐、铜镜的运用已为常事。《金史》记拜天射柳等郊祭中有"初亚献至盥洗位,文舞退、武舞进、乐作"[55],一直至终为止。在宗庙祭祖时乐工达一百五十六人,奏之曲各有定制。而鼓乐器中,箫、管、笳、鼓俱全。尤以鼓为多,扛鼓、大鼓、饶鼓、小鼓、羽葆鼓几个种类,大鼓数目为最,都是一百二十面。可见女真祭祀中鼓是很主要的,张气势、振声威。由此想起一个故事。1126 年宋同知枢密院事李回,大将宣抚使折彦质领兵十二万共守黄河。金军都统完颜娄室至河阳,与宋夹河而军。"尽取军中战鼓,击之达旦,以观其变。众以为然,黎明不见王师"[56]。这就是娄室千面大鼓退宋军十二万大军之故事,足见金人对大鼓作用认识的深刻,可鼓舞士气,振奋精神。另前述在绥滨三号墓 M3 出土文物中有女真人"腰铃"多个,足以证明腰铃和大鼓、铜镜应该是女真人娱乐的工具,尤应为娱神的神器。

由上可知,女真时萨满活动中有请神、神歌、舞蹈,有娱神活动,有祭拜也有杀牲血祭等,但都简单粗犷。经时代发展为现代之跳神。目前民俗祭祀中萨满必跳神,有关文献记为萨满头戴神帽,身系腰铃,手击皮鼓,腰与手足盘旋错落舞动,鼓声铃声一时并做,鸟兽彩旗摇响飘动,又诵祝文、唱歌,以娱神祈祷之意。在跳神过程中,多数由可以神附体或具有某种特异功能的萨满及助手们共同完成请神、祈神、祝神、娱神、送神等特技功能。萨满要在近于梦幻中完成神之附体和祈愿活动,其中的特技功能如走钢刀、踏火海等都令人瞠目结舌而使人误认为真的神附体。而在跳神过程中,萨满的盘旋错落舞蹈之狂野形态,鼓震铃响旗展众威之磅礴势和神歌吟唱接天动地之浑厚声三位一体,而参与娱神之群众欢天喜地,热闹非凡,像欢乐节日一样,整个场面火爆、强劲、粗犷、恢宏,真像一篇盛赞英雄民族英雄人物的鸿篇巨帙一样,可见有当年女真之风。

四、金初女真人萨满教的文化特质及其作用

萨满教是女真先民在极其恶劣的生态环境中,适应自然、和谐自然、开拓自然的艰辛苦绝岁月中共同产生的。同时,萨满教中也蕴含了女真先民包括女真氏民在开拓进取、繁荣

北方、建设家乡的各种情感、观念和认识。可以说萨满是女真人民民族形态、民族文化的母源，对女真民族产生过深远重大的影响。

1. 女真时期萨满文化中的积极属性

萨满教是女真先民的原始宗教，是与其原始的渔猎生产方式相适应的上层建筑，是服务于当时人民的经济、政治生活的。有许多今天看为糟粕之因素，但我们探讨的是其时为积极之因素。

(1)开放自由的文化特性是萨满的典型特征。

女真先民为了自己实用主义之目的，祈求平安顺利幸福，不祈求来生来世。所以遇着什么事就去祈求什么神灵，如种庄稼祈风雨神和谷神等。没有教义，没有传教人，没有专门的崇拜神像，所以思维方式简单直接，自由开放。思维里什么神都可以接纳，没有苛刻的清规戒律。这种思维方式从其婚姻形态中可以反映出来。“其婚嫁的，富者以牛马为币。贫者则女年及笄，行歌于途，其歌乃自叙家世、妇工、容色，以伸求侣之意。听者有未娶欲纳之者，即携而归，其后方具礼偕女来家以告父母”[57]。另有“偷婚”之俗。“每至正月十六日夜，谓之放偷，俗以为常，官亦不能禁。”“至有宅女，随其家出游，或家在僻静处，为男子劫持去，隔月余日，方告其父母以财礼聘之。”[58]难怪在金景祖时，“辽之边民有逃而归者”，及“辽以兵徙铁勒、乌惹之民、铁勒、乌惹多不肯徙，亦逃而来归”[59]，女真人都热情接纳。这种开放自由的文化特性，开放自由习俗均来源于开放自由的宗教，体现一种包容性。学人之长，提高自己，完善自己。它对女真人胸襟广阔，办事豁达，为人大度敞亮，愿学习、善学习精神都很有影响，日后彻底学习中原文化是有其深刻的原因的。

(2)淳朴敦厚的生活习俗乃萨满教的人文文化基础。

以天命观为信仰基础的萨满教，要求天地鉴之，不欺心、不欺天乃为人之根本。“女真旧风最为纯真，虽不知书，然祭天地，敬亲戚、尊耆老，接宾客、信朋友、礼意款曲，皆出自然，其善与古书所载无异”[60]。在与大自然相融的过程中，那种无休止的血亲复仇阶段已经过去，进入了部落联盟阶段后期。自然纯真、交朋好友、与人为善、淳朴敦厚之风可谓盛矣。“虽有君臣之称，而无尊卑之别，乐则同享，财则同用。至于舍屋车马衣服饮食之类俱无异焉”。皇帝完颜晟“常浴于河、牧于野”“复来臣下之家，君臣宴然之际，携手握背，咬头扭耳，至于同歌共舞，莫分尊卑。”“情通心一，各无觊觎之意。”[61]百姓之间“饮宴宾客，尽携亲友而来。及相近之家，不召皆至。客坐食、主人立而待之，至食罢，众客方请主人就座，酒行无算，醉倒及逃归而已。”[62]这淳朴之民风，无猜之交往，皆源于生产资料公有和兄弟虽析、犹相聚种的共同劳动、共享劳动成果的原始氏族社会民风，同时也是崇神、崇万物的萨满教宗教情结不欺天、不欺神、不欺祖宗、问心无愧、坦诚对人的萨满习俗。由虔诚而吉祥，由祭拜而顺畅。想现在北方人豁达大度、粗犷豪爽、为人淳朴、好客仗义也是其遗风吧。

（3）坚韧、顽强，耐苦辛劳是萨满文化培养的民族性格。

道德规范是调整个人和个人之间，个人和社会之间关系的，而宗教道德就是对神的爱戴、敬畏。原始萨满教是维护女真社会道德规范和行为规范的强大力量，多年形成的习俗又是他们的行为规范。女真氏民们一心一意地按神之旨意生活，这已经成为氏民们最高的原则，也即是思想和行动的出发点和立脚点，没有任何犹豫之地。这种绝对服从乃是一种宗教意识。

女真先民采集、狩猎要防备虎豹豺狼之袭击，要预防自然灾害的来临，同样警惕不同氏族血亲复仇战争之发生，还要抗御各种人畜传染病泛滥。逼迫女真先民适应此艰苦卓绝的环境，优胜劣汰的自然淘汰法则使女真先民要彪悍、勇敢、善战、机智、敏捷。尤其据史料记载从11世纪初中国大地进入了一个酷寒期。如1100年12月《宋史》记："岭南福建大雪，山尽白，荔枝冻死""三百五十年，未有此寒也。"[63]1126年12月开封大雪，持续三个半月，大风如雷、平生未见等，百姓冻死记录颇多。如此恶劣的生态环境，北地更苦寒，生存资料又严重匮乏，女真先民经受了更多更严酷的苦难。正是这种苦难，在宗教精神的鼓舞下，磨练了女真先民形成了一种不怕苦、不怕死的英雄精神，粗犷豪爽、豁达大度的民族性情，不达目的不罢休的顽强坚忍的民族性格。这种顽强坚忍的精神，就是一种进取性，其体现是志向远大、以弱搏强、勇敢进取、不弃不舍、不怕苦、不怕死。难怪南宋名将吴璘著兵法说："金人有四长，我有四短……四长曰骑兵、曰坚忍、曰重甲、曰弓矢。"[64]将坚忍作为女真人比宋人长处之一。《金史·国保传》记："从昭祖耀武于青岭，白山，还至姑里店，昭祖得疾，寝于村舍，洞无门扉，乃以车轮当门为蔽。国保卧轮下捍御。已而贼至，刃交于轮辐间，国保洞腹见膏，恐昭祖知之，乃燃薪取膏以为炙，问之，以他肉对。"[65]肠膏出泰然处之，多强的忍耐力。金世祖平桓赧、散达叛乱集团时，敌声势浩大，金世祖曰："死生惟在今日，命不足惜"，"身为军锋，突入敌阵"[66]。这些都可以看出女真从酋长到士兵都有一种顽强坚忍的精神，在一定程度上说是一种宗教精神，培养了特定的女真民族性格。

2. 萨满文化属性在金初的作用

萨满是宗教，不是科学，用科学观点看萨满教从根本上是欺骗了女真氏民。但在当时氏族社会末期向奴隶制过渡之时，对女真氏民来说，尽管是欺骗，也是善良的欺骗，对女真氏民来说是有一定积极意义的。它促进了女真军事部落联盟的建立，促进了大金帝国的诞生，促进了女真民族的形成。但当女真建国之后，其他各种宗教相继传入，特别是中原文化。政权和神权统一的格局开始动摇，女真人入主中原之后，神权和政权冲突时有发生，而萨满教的统治地位逐渐失去，直至将除了民间还保留之外，代之而起的是封建思想占据了统治地位。但萨满教对金初女真文化特质形成仍有不可替代的作用。

（1）艰苦奋斗、创业开疆，促进民族精神的形成。

女真先民长期生活在严酷的自然条件和萨满教的环境之中。优胜劣汰铸就了女真人健壮的体魄、敏捷的思维、豁达坦荡的性格和忍饥耐苦的性能，为了生存，“善骑、上下崖壁如飞，渡江不用舟楫，浮马而渡，精骑猎”[67]。正是这种顽强坚忍的性格，才形成了女真人的一种艰苦奋斗的精神。从夏则巢居，冬则穴处，绩毛以为布，逐水草而居，到迁徙不常的穴居，又到定居于按出虎水的纳葛里。石器、陶器、铜器到铁器的使用，由采摘、狩猎到种植五谷、野畜家养及手工业出现，文明程度提高、生产水平进化、生活质量提升，这一路走来，靠的是艰苦奋斗的精神，信的是天神、祖先神之佑。而透过这些，我们还看到女真先民的生生不息，这民心的聚结，氏族的兴旺，都有赖于艰苦奋斗，坚忍不拔的精神，也都有赖于萨满教对女真先民的精神凝结。而艰苦奋斗已经成为女真先民的一种共同精神，也可以说叫做民族精神。我们知道，民族精神是一个民族昌盛的动力源泉，是一个民族赖以生存和发展的精神支撑，是凝聚人心、激励全体氏民实现远大目标的强大精神力量。

（2）团结民众、壮大部落联盟，促进民族意识形成。

来源于血缘关系和部族观念的伦理价值观表现出来的敬亲戚、尊耆老、接宾客、信朋友，民风淳朴、互无隔阂，人际关系是和谐的，所以才有“无事苦耕、有事苦战”“无君臣之别”“财则同用、乐则同享”。[68]这种和谐关系的出现是萨满宗教的结果。在氏族社会里，只有崇拜地生活着，相信神灵的存在，相信神灵的保佑。这宗教观念和宗教感情总是像磁铁的两极一样相伴而存在的，也就是说女真氏民在萨满的观念里，对萨满的崇信和同时相信萨满教对氏族的保佑是同时存在的，而且越来越强。从函普立约规、金昭祖立条教、金景祖耀武青岭白山直至金穆宗时政令统一，走的是一条法制治国路线。依靠的就是萨满宗教保证路线，使军事部落联盟日益扩大。由军事部落联盟的日益强大，内部部落的团结和统一，促进了民族意识的形成。尤其是至阿骨打时，适时将与契丹统治者的矛盾提升为与生女真全体氏民的民族矛盾时，并仍用萨满宗教思想去号召、组织诸部，更进一步将女真氏民的解放意识提升为整个民族的解放。“全国凡用师征伐，上自大元帅，中至万户，下至百户饮酒会食，略不间列，与父子兄弟等，所以上下情通无闭塞之患”[69]，使女真内部更精诚团结。并配以正确的民族统一政策，推进了整个女真民族形成。胡十门，曷苏馆人，父挞不野，事辽为太尉。当高永昌据东京时招之，胡十门曰：“吾与皇帝（指阿骨打），皆三祖之后，皇帝受命即大位，辽之败亡有征，吾岂能为永昌之臣哉”[70]。可见女真民族意识是很强的，这样的民族意识进一步促进了女真内部的团结。

（3）蓬勃向上的英雄主义是金初金源文化的根本。

一首神歌：“在今晚良宵，点燃一缕缕平息香，敲响了抓鼓，摇动了大抬鼓，善于扭转困境，迎来春光的金舌鸟，报舌鸟神，请附萨满之身”。接着萨满在那激越昂奋、震天动地的鼓声中，晃动全身，伴随着晃铃声，开始那粗犷豪放的接天接地的舞步，显示着崇天祭地的狂热，充满着神秘的敬畏和神奇，这就是女真萨满形态的写照。不管什么神，怎么祭法，萨满用高歌狂舞、铿锵锣鼓，振奋人们精神，战胜灾难和各种困难，显示了女真氏民的一种大无畏的英雄主义精神。

萨满是女真氏民的信仰。信仰之单一必然导致思想的一致、行动上的忠诚。正如恩格斯在分析氏族社会时，在幼稚的宗教观念中才有的“部落、氏族及其制度，都是神圣不可侵犯的，都是自然赋予的最高权力，个人在感情、思想和行动上始终是无条件服从的”，为了氏族全体的利益，无论是在完颜部自立过程中，还是统一各部落组建军事部落联盟，还是在灭辽过程中，都将氏族、部族的整体利益放在首位，如完颜部几位酋长前仆后继、舍生忘死为统一生女真做出的不懈的斗争。《金史》记洺州刺史赤盏晖“马伤而坠、晖辄奋起步斗，竟败敌兵，是日凡七战皆胜”“晖两臂亦数中流矢，贼将刘先生的兵二万夜袭营，晖力战达旦，贼始败走”，“晖复傅城力战，如是连月”[71]。顽强之战斗精神足见一斑。究其思想是一种敢于斗争，并敢于胜利的精神。时任东京留守事的大皋面对敌二十万大军来战，说“丈夫不得一次胜负，尚何为。苟战不捷，虽死如生也”[72]。为民而生，为民而死的精神确值大书特书。这种不怕苦不怕死的精神，就是一种英雄主义，就能无往而不胜。《金史·宗望传》记：“宗望率兵追辽主于石辇驿，军士至者才千人，辽军二万五千余，短兵接，辽兵围之数重。辽主谓宗望兵少必败，遂于嫔御皆自高阜上平地观战，当金军望见天祚帝之麾盖，便冲出重围‘骑兵驰赴之，辽主望见大惊，退遁去，辽兵遂溃’。”[73]以千人敢击二万五千之辽兵，且实破重围而大胜之，足见金初女真人之英雄也。曾任沈阳军区司令员的刘精松上将在参观金上京历史博物馆和了解“金源文化”之后，题写了“金源浩气惠地冲天”题词。发表了震撼人心的讲话，并提出了金源文化中的将军文化概念。他说：“金源文化和军事文化、将军文化是紧紧融合在一起的。其民族性格中的耐寒忍饥、不惮辛苦的艰苦奋斗、吃苦耐劳精神，食生物、勇悍不畏死的勇敢精神和反抗精神；积极进取好学向上的善于学习精神，培养和锻炼了一大批能征惯战、治国安邦的军事统帅和优秀将领，创造了惊世骇俗的战争奇观，形成了具有自身民族特色的金代将军文化。这种将军文化，既是金源文化的重要组成部分，也是中国古代将军文化的一个重要层次。”

以阿骨打为首的领导集团，精诚团结，目标一致，开始以灭辽为最高目标。1121 年 12 月，阿骨打发布了“中外一统”的诏令，又以全中国为一统目标，并制定许多适合形势需要的政策，而以生女真为核心，包括熟女真、回跋女真、五国女真、兀惹、铁骊等少数民族部落为基本队伍的，以契丹、汉等其他民族为统一战线的女真民族基本形成，朝气勃勃、勇往直前，真达到了兄弟子姪才皆良将，部落保伍技皆锐兵，在灭辽灭宋的战场上驰骋着，完成了十二、十三世纪封建王朝更迭的大剧，推进了历史进步和社会的发展。而此时以按出虎水为中心，以萨满文化为底蕴的女真源流文化和先进辽宋等中原文化相结合，产生了符合时势的金源文化，并创造了历史上的辉煌，成为融入多源中华文化的一流而大放异彩。

注释:

[1]:干志耿,《媛缤三号辽代五国部墓群清理纪要》[R]

[2][26][56][57][61]:《三朝北盟会编》[M]

[3][4][16]:《金史·乌古出传》[M].延吉:延边人民出版社

[5][13][51]:《金史·谢里忽传》[M].延吉:延边人民出版社

[6][16][24] [2][59] [66]:《金史·世纪》[M].延吉:延边人民出版社

[7] [14]:恩格斯,《家庭私有制和国家的起源》[M]

[8][9] [10] [20][30] [35]:《金史·太祖传》[M].延吉:延边人民出版社

[11]:《金史·景祖昭肃皇后传》[M].延吉:延边人民出版社

[12] [19]:摩尔根,《古代社会》[M]

[15]:《金史·乌春传》[M].延吉:延边人民出版社

[17]:《金史·干带传》[M].延吉:延边人民出版社

[18] [58]:文帷简,《虏廷事实》[M]

[21]:《金史·石土门传》[M].延吉:延边人民出版社

[22] [53] [67][68][69]:《大金国志》[M].延吉:延边人民出版社

[23]:《金史·欢都传》[M].延吉:延边人民出版社

[25][46]:《金史·熙宗传》[M].延吉:延边人民出版社

[27]:《金史·太宗传》[M].延吉:延边人民出版社

[28][36][37][39]:《金史·礼记一》[M].延吉:延边人民出版社

[31] [34]:《大金得胜陀碑》[M]

[32] [38][43][45] [55]:《金史·礼记八》[M].延吉:延边人民出版社

[34][44]:《金史·礼记七》[M].延吉:延边人民出版社

[40]:《金史·礼记三》[M].延吉:延边人民出版社

[41]:《金史·礼记六》[M].延吉:延边人民出版社

[42]:《金史·礼记四》[M].延吉:延边人民出版社

[47]:《金史·宗弼传》[M].延吉:延边人民出版社

[48]:《宋史·韩世宗传》[M].延吉:延边人民出版社

[49]:《金史·李通传》[M].延吉:延边人民出版社

[50]:《金史·衮传》[M].延吉:延边人民出版社

[52]:《清太宗实录》[M]

[54]:《满洲源流考》[M]

[60]:《金史·世宗传》[M].延吉:延边人民出版社

[61]:洪皓,《松漠记闻》[M].延吉:延边人民出版社

[63]:《宋史·徽宗传》[M].延吉:延边人民出版社

[64]:《宋史·吴璘传》[M].延吉:延边人民出版社

[65]:《金史·国保传》[M].延吉:延边人民出版社

[70]:《金史·胡十门传》[M].延吉:延边人民出版社

[71]:《金史·赤盏晖传》[M].延吉:延边人民出版社

[72]:《金史·大杲传》[M].延吉:延边人民出版社

[73]:《金史·宗望传》[M].延吉;延边人民出版社

作者简介:

洪仁怀,男,1944年9月2日生于吉林市。哈尔滨工业大学毕业,曾任哈尔滨市阿城市人民政府副市长、人大常委会副主任。中华炎黄文化研究会理事、中华诗词协会会员、哈尔滨诗词协会顾问。现任中国辽金契丹女真史学会副会长、金上京文史研究会会长、哈尔滨市社会科学院金源文化研究所所长。

森林部落的古老习俗

关伯阳

在满族先民世代生活的白山黑水之间，坐落着许多大山。长白山、老爷岭、张广才岭、完达山、大兴安岭、小兴安岭、外兴安岭、锡霍特山……绵延地横亘其间。我们的满族先民几千年生活在这样的大山之中，被学者称之为森林部落。森林部落的先民在与大山打交道中形成了自己特有的生产方式——狩猎，所以森林部落也可以称为猎人部落。汉魏时期称满族先人为勿吉，就是满语“窝集”（山林）的语音指称。

但是森林部落却并不是特指勿吉人。我们这里说的森林部落，是泛指世代生活在东北亚大山中从事狩猎活动的满族及其先民，以及赫哲人、鄂伦春人、鄂温克人、达斡尔人、俄罗斯境内的埃文克人、埃文基人、那乃人、费雅喀人、奇勤尔人、恰喀拉人，等等。这些先民们在千万年的山里生活中，形成了自己特有的猎俗，演绎着一幕幕勇敢的、善良的、尊重自然的故事。我们从这些古代的猎俗和原始的故事中，深切地体会到先民们那时艰苦而乐观的生活，勇敢而天真善良的心灵。那是北方民族童年生活的脚印啊！遗憾的是，这些闪烁着先民精神光辉的一些猎俗，由于失去了它存在的外部环境，在现代文明的冲击下，大部分已湮没在莽莽群山和浩瀚森林之中了。

今天，让我们拨开层层密密的树枝，窥视一下森林部落先民们的古老猎俗，听一听他们那些善良得让人动容的故事。了解了这些猎俗，听了这些故事，你一定会陷入久久的沉思。

一、与野兽相惜相助的先民

有一个部落首领从树林里捡到一只刚被咬伤的幼虎，把它抱回家，上了药后又抱回森林，没当回事，忘记了。之后有一天，他在树林里走被一群狼包围不得脱身，突然一只老虎从草丛中跃出向狼咆哮，狼群只得乖乖地走开，这只虎一直把他送到部落才离开。他认为这是山神指引人们与野兽相惜相助，所以他给山神磕头。

这样的事每个勿吉人都会这么做的，勿吉人不射猎需要救助的野兽，有本事与体魄健壮的野兽搏斗。

一个善良正直、爱帮助人的人死了，人们悲痛地将他埋葬。入葬后，人们散去。忽然有人在远处发现竟有一只豺围绕坟包洒了一圈尿，它这是保护这个人的坟不被别的野兽践踏。从这件事可以判断,这个人生前肯定帮助过兽类。

当熊遇到困难时,最先想到的是寻求人的保护。传说有一次,一头熊受了重伤,步履维艰地来到人住的房门前,哀叫着,似有所求。主人出门后,熊就在前边跑,跑了一会儿,回头看看主人是否跟上了,直到把主人领到山崖下一个山洞旁,向里面努努嘴,然后倒下了。主人明白了:它这是托孤哇!他伸手抚闭大熊难瞑的双眼,从附近捋来许多草盖到它身上做成一个草冢。然后,伸手抱起窝里的小熊,把它抱回家,当狗一样养着。小熊长大能自立后,又把它送回森林里去了,完成了它母亲的遗愿。

有一天,一只大熊来到部落前,呜呜地叫着,又站立起来,用前掌拍打着胸脯,又朝部落里挥掌,表示要找一个人见面。人们远远地望着,议论着不知道这头熊要找谁。这时,一个老人从家里走过来,不紧不慢地说:"它是来找我的。"

人们让开一条道,看他慢慢地走到大熊面前,他低头看看大熊的腹部,伸手抚摸了一下,然后,从荷包里拿出一大把药草籽,塞到熊嘴里,看它吃下了,又走到沟塘里,捋了一大捧药草,递给它。

大熊前掌用草药捂着腹伤,慢腾腾地返回森林里,草药离离拉拉地撒落到地上。大伙问老人这是怎么回事,他告诉大家:"我回来时半道上碰到它捋草,不对,我给它重找的,管用,它又来了。"大伙听了,连连感叹,都说:"它通人性,还得来找你。"

果然几天后,老人家门口垛着几头死野猪,个个七窍流血,一看就知道是熊用屁股坐死的。肯定是那只熊半夜送来的。大伙又惊奇又高兴,老人推门出来看见后,让大伙把野猪分给各家各户了。

不久在老人家门口又堆上了狍子、獾子,老人怕大熊送起来没完,心疼熊挨累,就跑到森林边上大声喊道:"拉倒吧,不要再送啦!再送我就生气了,不管你啦!"这样,大熊才停止送兽肉。此事一传开,人皆称奇。

如果有人想在山间打小宿,只要把鞋子脱下来抖搂抖搂,口中喊一声"老炮头",老虎便知道你在此过夜。这时老虎会发出狗一样汪汪的叫声,告诉你放心地睡吧。过一会儿,老虎走过来围着睡觉的人撒一圈儿尿,别的野兽老远闻到味道就不敢来了。

有一次一个人在山中走，与一条公狼遭遇了。他攥紧拳头，欲与公狼拼一场。公狼欺他赤手空拳，张开血盆大口步步向他逼近。突然公狼腾空一跃从他头顶上飞过，钢针般的尾巴扫着他的双眼。顿时，他两眼冒金星，泪水纷纷落下，一阵眩晕，差点儿栽倒。

正当他抹泪的空儿，公狼又飞过他头顶，一股又酸又臭又辣又热的尿屎淋他一头一脸一身，直烫的他哇哇直叫。他已无暇顾及无心恋战弯下腰擦狼屎。

正在这关头，公狼用双爪搭住他肩膀，长嘴伸过来就要咬他的喉咙。他大吼一声，双手抓住狼爪用力往前一背，将公狼四仰八叉摔倒在地上。正当他欲与公狼决一死战时，路边恰好来了一个带弓箭的人。公狼害怕，掉头跑了。

这个人回到家中，一病就是七天。他逢人就说："老狼三招，一是尾巴扎眼睛，二是往头上拉屎撒尿，三是咬喉咙，三招过后，它就没辙了。"

一天清早，这个人正在熟睡，妻子被一阵凄惨而又焦躁的狼嗥声惊醒，他催促丈夫："肯定是下不来崽子了，来求助咱们来了。你听它叫唤，多可怜哪，快去帮一帮它吧！"为母狼分娩助产，得两个人做伴。两口子出门后，男的看到正是那天遇到的公狼在那儿叫唤呢。

公狼见他和妻子来了，扭头就跑。跑一段路，再回头看看他们还有多远，焦急地催促他们。两人跟着公狼跑到一处石砬子旁边，看见一只大肚子母狼在草地上躺着，呼吸困难，半闭着眼睛，血水已经把大片的白雪融化。看到他俩，母狼眼里流露出乞求期盼的神色。

男人为母狼揉着肚子，附近，公狼紧张而焦虑地看着这对夫妻，硕大的尾巴一个劲儿不停地晃动。此时，他也认出这男人正是山中遭遇的那个人，目光中带着歉疚和愧悔，希望男人不计其过。这时，妻子的尖刀对着它，因为万一失败了，她要保护丈夫不遭公狼的袭击。过去丈夫每次给沟里的母兽出诊，她都要跟从保护，以防不测。

男人拿出自己家配制的催产药丸给母狼服下。他根本没计较与公狼的那次遭遇，虔诚而又率直。先祈祷神兽保佑，后又对公狼和母狼说："我来治病，救你们母子一命，是行好，帮助你们，咱们是邻居嘛。成功了，别乐过头儿，失败了也别埋怨我再咬我一口，咱们是朋友。"说着，他给母狼肚子顺胎，口中一边祈祷有声。半个时辰过去，一只小狼出生了。分娩成功，狼母子得救了，公狼感激不尽地送出他们老远，并且不停地摇着大尾巴，这是狼感激人类时才做的动作。以后每年这一天，它都带着小狼到这对夫妻家门前欢快地跳舞和叫唤，很晚才走。

一次，部落的人将掉进深潭里的三只小狼崽捞出来，抱着送回到山坡下的狼洞里，母狼蹿出来，先是对三只小狼崽嗅来嗅去，确信是自己的孩子后，就赶过来舔他的手心，后来在他面前跳起了舞。他赶路回家，母狼在前面开道，别的野兽都纷纷躲避，母狼一直把他送到老远才停步。

有一个人在山中赶路时碰到一头受伤的小熊，便把它抱回家悉心饲养，悉心治疗。小熊一天天长大了，它很好玩，看到主人有趣，便站起来哈哈大笑，主人很晚不回来，它站在院门口，急得直拍胸脯。

一天，小熊独自去森林里玩，意外地发现了到处寻找它的母熊。母子相会，分外亲热，随后它就跟母熊走了。家里人找不到它，听别人说它进林子了，猜想它想从前的窝了，大了，该回家了。

谁料到几天后它又回来，在家里恋恋不舍地盘桓磨蹭，伸出舌头舔主人的手，拥抱主人不松开，叫唤着。天快黑的时候，它终于离开了家，又返回森林里去了。

不久，这家人搬走了，熊又来了，而且带着一只小崽。它发现这座房子空空人却不在，急得站立起来向屋里瞅，两前掌拍着胸脯哇哇地叫，小崽也学着大熊的样子。随后，这对母子绕着这座房子走，走了一圈又一圈，边走边叫，令人感动。

【评论】

先人们的大善让人感动。他们能够与兽为邻，向兽施善，与野兽相惜相助，不计人恶且不计兽恶，胸怀何其博大。他们从不射猎需要救助的野兽，心中充满了怜惜万物的善意。在这种大善无私的情怀感召下，被救助的野兽竟能表示出掩饰不住的善意回报！这种人兽关系只有在原始初民那里才有。那就是以邻为友而不是以邻为敌。不仅友善人类还能友善兽类，兽且能为友，何况人乎？想一想当下，人们都龟缩在水泥笼子里，连对门的邻居都不认识，相见麻木不仁，人人只为自己活着，变成了心灵冷若冰霜的赚钱工具，悲哀呀！在建设和谐友善社会方面，古人确有值得我们学习的地方。

先人们万物平等的思想也值得现代人学习。从西方文艺复兴开始，几百年来人类的主体意识觉醒，开始争取人权，这是对的。可是谁想到了动物权、植物权？难道它们在这个地球上就没有生存的权利吗？森林部落的先民虽然没有人权思想，他们也没有去为老虎争虎权，为熊争熊权，但是在他们的内心深处知道，动物，甚至包括草木都是自己的邻居，都是大森林的成员，与自己一样都有在这个星球上生存的权利，与之只能相互尊重，和谐相处。人类不应该有什么特权，这样才有长久和谐的生存环境。

二、森林部落的古老猎俗

他们认为每个猎场都有自己的山神，没有祭过山神是不能狩猎的。因此，人们在进入阿林窝集（山林）之前，必须在入口处跪下来，摆上三块石头当供桌跪下磕头，向山神祷告。告诉山神自己干什么来了，一共几个人，带什么东西，请允许进山并保佑进山后顺顺当当。每个人家都要有自己的山神像，往往在离自家较近的杨树上刻上山神像，使头像面朝东。祭祀时摆上供品后，往神像的嘴抹上白酒，然后祷告，祈求山神保佑狩猎成功，担待那些说话不注意的年轻人。人们见到高山、巨石、古树、清泉都要拜一拜。他们认为，这些相貌伟然的地方,都有神灵存在。

他们崇拜虎、崇拜鹰、崇拜熊、崇拜狼、崇拜喜鹊、崇拜乌鸦、崇拜柳树……他们把这些动植物列为神灵图腾。当然更崇拜天、崇拜大山巨川、崇拜北斗星……他们认为这些本身就是神。

人进山后不许坐树墩子(割掉树干的矮茬),说那是山神爷的座位,坐了会冒犯山神爷的。进入林子后不许打闹,不许大声喧哗,不说不吉利的话,要一路静静地走。如果遇到了怪异的声音,且不可惊慌失措,只要抖一抖随身带的绳子就可以了。如果没带绳子时原地肃立,向发出怪异声响的地方叩头作揖,且不可掉头仓皇而逃,因为猛兽最爱追仓皇逃跑的人,它怀疑你心中有鬼,做了什么不好的事,那样你必死无疑。

一次,一个人在山中一棵大树下休息,可能做出了在树下撒尿这样的事。他走后,一只老虎跟了来,直向他吼叫。他快步跑回家,老虎追到他家,在他家门前吼了好久才走。萨满告诉他:那棵树是老虎的神树,不许碰,不许对那棵树不恭,否则老虎会记恨你一辈子。他向山神祷告了好久,说自己是无意的,这才安下心来。据说每种野兽都有自己的神树,人是不能动的,动了,那种野兽就会穷追你,找你算账。

山里人都供奉猎神,人们称猎神为吉尔基。猎神的形象是个用皮做的上宽下窄的麦形头,呈倒三角形,三角形内斜画九个道道。还有平底的叫大吉尔基神。平时,人们把猎神装在木匣里挂在屋檐下,家祭时把它从房檐上取下来挂在屋内西墙上,与祖宗共祭。出猎时,猎人将猎神从木匣中取出带在身上,上山后把它摘下挂在大树上,让猎神保佑自己狩猎成功。

如果有人在狩猎中受伤,回到家中会惴惴不安地责问自己:“难道因为我没供奉山神而受到惩罚了吗?”于是,他就会在家中供奉山神、猎神,烧香磕头,祷告中一再解释是由于自己的疏忽而非有意对山神不敬,请山神原谅。事毕,才会安心地去做其他的事。

秋天,当树叶落光时部落首领带领几百人、上千人包围一片山林。人们中间强者持弓箭长矛,弱者持手鼓铜锣,边走边敲边喊,一步步向山林中心逼近。各种野兽被驱赶到一起,挤成一堆,惊恐得乱撞乱吼。首领一声令下,乱箭如雨飞向野兽,箭无虚发,野兽死伤倒地。猎后,众人生火烤肉,饮酒歌舞尽欢。这种打猎的方法称为“打围”,女真时称为“秋山”,一直延续了几千年。

几个人进山打猎,当距离稍远时,要互相发出“哎嗨——”“嗬——”的大声喊叫,称为“喊山”。喊山的目的,一是了解同伴的位置,二是壮胆。

那乃人(即俄罗斯境内的赫哲人)有祭祀丘林神(狩猎神)的习俗。祭祀一般在自己家进行,在丘林神像前摆放一个血碗和一个酒碗,开始祷告,请求保佑。祷告后,全家磕头,并把血涂在丘林神像的嘴上。祭祀结束,把一双小鞋挂在丘林神的脚上,让它跟随着猎人进山保佑狩猎成功。

猎人们要用第一只猎物祭神，以感谢山神的恩赐和保佑，并祈祷再次成功。

每到一个新的猎场，年长者要竖起一根篝火剩余的木棍作为山神爷，率领大家磕头跪拜，请求山神爷保佑。

每次猎后，人们都会选择高山处祭祀山神玛发（老人），把猎物中鹿或野猪的尾巴割下来当做供品，点香酹酒，感谢山神保佑照顾，磕头后离去。

在山中狩猎时要注意自己的言谈举止，不应该吹嘘、说狂话，显示自己如何能，那样会惹怒山神，为狩猎制造障碍。在猎场上禁止直呼野兽的名称，必要说时，必须用代称，比如老虎称为“山神”，熊称为“老头子”，还有些小猎物称“小骨头”“小虫子”等。

那时人们没有一日三餐的习惯，肚子饿了就吃。主要食物是野兽的肉，谷物很少。他们吃肉时烤着吃的时候比较多。捕获野兽后，就在就近的林间空地生火聚食。他们重鲜食，不贪多，吃了点儿往山下运时就少点负担，因为飞禽走兽满山遍野皆是，随时可猎，况且夏日捕获后不及时吃掉也难以储存。

烤肉的方法大致有四种：一是明火烤。猎后在林间空地里生火，火边撑起木架用明火烤。这种烤法一般用来烤山鸡、兔子、鹿腿、狍子腿。二是石板烤。在野外用火把石板烧热，把体型较大的野兽的肉切成片在石块上烤。石板烤肉还可以同时在身边捋些山野菜来烤，佐肉更增其鲜美。三是把兔、野鸡或大兽的幼子除去内脏，把黄泥涂在外面，在火内烧熟，然后把泥除去，外焦里嫩别有风味。四是在家中烤肉时，一般都用木杆扎上小块肉在火盆上烤。无论哪种烤法，喝酒是必不可少的。

有的猎人身披虎皮扮成老虎追赶野猪，一追就是几天，不让野猪休息。直到把野猪追得走不动了，再对野猪猛攻擒为猎物。遇到成群的野猪，要从背后袭击，但不能轻易放箭，要选择落在最后面的野猪打。野猪不抱团，其他的野猪听到弓箭吆喝声都纷纷向前逃跑，打后面的容易成功。当几个人在山中遇到狼群时，几个人要背对着背，用箭或矛对着狼，防止狼突然袭击。这样相持好久，狼看到无隙可乘方散去。

猎鹿时猎人戴上鹿头，吹响用桦木做的鹿哨，发出幼鹿唤母鹿的呦呦之音。母鹿闻声，不管是不是自己的幼子相赶来喂奶相救，便遭到埋伏的猎人攻击。鹿胆小，见到自己身体流血便瘫软不动，自认丧命。

人们打死鹿之后，连忙躲藏到树林里，模仿鸟雀叽叽喳喳地叫一阵，确信鹿的灵魂被鸟雀的喧闹吸引走了，这才走过来，蹲在鹿旁边，佯作同情地哭泣一阵。其中一个人手指死鹿或其他猎物，气愤地质问这是谁干的事？大家佯装糊涂地议论一阵，确认是别人下的毒手，说这人已经逃走了。人们谴责一番那人之后，这才唱起痛心怀念的歌曲，把鹿抬下山，回部落分享。

如果猎获了一头熊，一连几天，部落里的人都模仿熊的姿势走路。那意思是希望熊仍然活着，就活在部落附近。在模仿熊的日子里，男人更加虔诚，他们出了门就学熊走路，彼此相遇也不改变姿势。如果有一个人忘记了模仿熊走路，立刻会遭到别人的谴责，他赶紧改正，恢复“熊”样。

分完熊肉后，人们把熊的五脏用树皮包起来，放到树杈上。他们坚信熊的灵魂在里头，熊能借此托生。这样，说不定哪天它会托生到另外一头母熊腹中再度出世。如果不留内脏，没有一点遗物，它就永远不能再托生了。如果当场吃完熊肉，伙伴们就会在密林深处找四棵挨近的树，截断成半人高的矮桩，再铺搭平台，把熊骨摆成原型，头朝西，上面放一些食物，盖上草，形成一个祭台。平台前堆石，再在石堆上插三根草招魂。

有的部落把熊骨放入桦皮桶里，扣上盖，悬挂在放五脏的树杈上，相信熊灵魂还会找回自己的身体，重新组装成一头新熊。

猎人在林间休息时一般都要生火，这时领头的就告诉大家，要选择不能迸出火星的木柴，以防止火星伤了神的眼睛，不能用木棍乱捅火堆，那样火神会不高兴。

山里的人都崇拜古树，他们见到高大的古树就下跪磕头，即使不认为这些古树是神仙，也把它们当成阅尽沧桑的老者、智者。他们在古树上系上红布条，因为魔鬼怕血，血是红色的，魔鬼远远看到红色就害怕不敢靠近了。

《金史》中记载，在每年野兽怀崽和鸟类孵卵期间，下令各部落禁猎。

在猎物分配上也可以看出满族先人的高风亮节。两个不相识的猎人在山中打猎，如果甲射伤了野兽，野兽跑到乙面前被乙射死，猎物要归甲而不是归乙；如果由于甲的穷追而使野兽跑到乙的面前被乙射杀，猎物二人均分；如果二人在同一猎场行猎，一个人打到野兽而另一人一无所获，猎物二人均分。打到的野兽绝不会独吞，一定要分一些给部落里那些不能打猎的老人和弱者。

冬天时，人们锯两块鞋子大小的木板，在木板上钉上十几个钉子，再钉几个皮套，钉子朝下地用皮条绑在脚上。他们穿着这样的钉板鞋，在江河的冰面上追赶狍子和鹿。因为狍子和鹿在冰面上跑，跑不出十几步就滑倒在冰面上，穿钉板鞋的猎人几步上去把它捕获。

冬天在山中打猎，自由行动的猎人往往穿着自制的滑雪板在山中追踪猎物。

严禁拿别人的猎物。可能有这样的情况：猎人在山中发现同伴的地夹捕获了猎物，不拿吧，其他野兽会把猎物吃掉，拿吧，会使同伴失去运气。由于同伴不在身边，他会像现在打手机一样向部落的方向向下夹的同伴请示：“安达（伙伴），夹子逮着野兽了，让我给你拿回去吧？”然后模仿主人自认回答：“拿去吧！拿去吧！”返回住地后，他必须把猎物交给捕兽器的主人并说：“你看，我在山里请示过你，你同意拿回来了。”主人说没关系后，分一部分猎物给他。

【评论】

先民们这些古代猎俗中最核心的思想就是懂得敬畏不狂妄。可是自从工业革命以后，人们的胆子逐渐大起来，胆大到狂妄的程度，懂得敬畏的人越来越少了。提的口号也越来越响亮，"天不怕地不怕""向大自然索取"等。人类欲望的开发就像是打开了潘多拉匣子，一发不可收拾，而且没有尽头。在这个目的驱使下，人类开发无度，竭泽而渔，穷林而猎，砍森林、捕杀鲸、采石油、开荒而不造林。这些早就违背了地球发展的规律。联合国秘书长潘基文先生连任就职演说中，引用了老子"天之道，利而不害，圣人之道，为而不争"的话。森林部落先民们与自然和睦相处的思想，与老子倡导的道不谋而合。老子从来不提改造世界。现代西方学者忏悔道："如果我们早听老子的话，也不至于使科技发展对人类自然环境造成严重的破坏。"这是现代很多人不懂得敬畏，一味追求消费和享乐造成的。先人们懂得敬畏，就大大减少了他们的胡作为、乱作为。"少欲而静，天下自定"，这也是我们应该向先民学习的地方。

三、鹰崇拜

在金上京历史博物馆中，陈列着一个木雕的鹰嘴妈妈。雕的是一个鹰头人形的鹰妈妈在哺育一个婴儿。这个雕像隐喻着满族先人的起源与鹰有关，那应该是比父系氏族还要古老的母系氏族时期，甚至更早。

关于鹰的神话传说有很多。其中有一个，说鹰先吞掉了注定要成为萨满的那个婴儿的灵魂，把他带到有太阳和月亮的田野上，在一棵圣桦树下孵蛋。孵出的婴儿放在桦树旁的摇篮里，这个男孩后来被鹰养大便成了萨满。

还有神话说，早在洪水时代，天上地下都是水，生灵难以存活。这时，从远方来了一只海豹救起了一男一女，把他们驮在自己背上。猛犸神和水鸭神看到了，在水浅的地方把沙子推出一个小山包。这对男女就在这山包上生了一个女儿。天神阿布卡恩都哩派来代敏格格（鹰神）将小女孩叼走养大，这个女孩就成了第一个萨满和人类的始祖母。

满语现在还称鹰神为"达拉代敏"或"达拉加浑"。在一些女真部族的野祭中，祭鹰神是祭祀的核心内容，他们把鹰神定位在各种动物神之首。

传说在大火时代（小行星撞击地球造成的），神鹰从大火中叼出一个石卵。它叼着石卵在天空上飞了七七四十九天，把石卵抛掷到最高山尖的岩石上，摔裂后，诞生了第一个女萨满，她头戴鹿角，成为东海九十九部落的罕王，也是东海女真的祖先。这个传说在全世界流传，所以萨满崇拜鹰，神帽的头顶有一只鹰，各个民族也都崇拜鹰。

人们崇拜鹰，敬鹰。祭祀时，两臂张开，模仿鹰凌空飞翔的样子跳舞，寓意着鹰神附体，可以获得鹰一样的锐敏、勇敢和智慧。在他们看来，鹰高飞在天上，与神接近，是天神的子孙，通晓神灵，不可冒犯，鹰在天上自由地飞翔，长空不惧，真是令人羡慕的自由的化身。

关于海东青。从肃慎人开始，满族先民就喜欢海东青。海东青纯白者为上，灰褐者次之。他们善于驯养海东青，每个部落甚至一些人家都设立单独的鹰房，这些鹰房不是驯鹰的人不能进入。初生的小鹰叫"额普特",过一岁的叫"呼克申",大鹰叫"扎发塔"。养鹰有一笼、二笼、三笼之说(即受训的程度),鹰过三笼才听话。

驯化海东青也叫"熬鹰"。熬鹰开始时,给它戴上皮兜子,蒙上鹰眼,防止它利爪抓瞎人眼。脚上缠绊脚绳后把它绑在旋转的鹰架上,不准它移动。有人员昼夜轮班看守,过一会儿就牵绳扯动秋千上的棍子,不让它入睡,使它疲惫不堪。这样过了六七天后,才给鹰进食。进食时,把肉缠上细麻,鹰吃进去消化不了,吐出来,把肠胃里的油都带出来,减少体重,然后再逐渐增加食量,这样鹰的身上剩余的都是肌肉了。然后,鹰把式用手臂架着鹰走街串巷直到鹰不怕人为止。再后就是练鹰,将一个皮条拴在鹰腿上,皮条的末端拴个铁环,套在七八米长的高架的细绳上,将鹰架一端,人站另一端,手里提着一只鸡摇晃,口中发出"厥""厥"的呼唤声,鹰便飞起来捕食。这样往返多次,鹰抓捕的动作就熟练了。最后是放鹰。放鹰时鹰不要喂,饿着肚子放。鹰饥饿难耐,发现兔子后飞起俯视,然后并翅直下,谓打桩。得到猎物后两爪紧抱,叫扣环。鹰丢失了叫打条,飞走了叫云了。

【评论】

鹰神在神话中充当了人类萨满和始祖母的养母和恩人的双重角色,可见这些神话表现了鹰神为人类(当时的氏族、部落)英勇战斗不怕牺牲的英雄主义,这是古老的鹰神为何能延续到后代并仍然受到人们普遍尊崇的重要原因。

鹰会飞,离天最近,最接近天神阿布卡恩都哩。鹰不但会飞,而且具有勇敢、刚毅、机敏、迅捷、桀骜不驯的品格,满族先民喜欢这种品格,愿做鹰一样的人。鹰的这些品格感染了满族先民,这也是他们崇拜鹰的重要原因。鹰的这些品格,被后人归纳为"以小搏大,敢拼敢赢,不达目的誓不罢休"的海东青精神。鹰是猎人的助手,这也是狩猎民族崇拜鹰的原因之一。至于驯化海东青,主要是为了满足契丹贵族玩鹰的需要,亵渎了鹰的高洁刚毅的品格,有点儿变味了。猎人出于狩猎需要而驯化则可另论。

四、猎人与犬

满族及其先民都敬犬爱犬,把狗当成他们最忠实的伙伴。

很多人都认为满族人不吃狗肉,不戴狗皮帽子的习俗,是因为大青狗曾救过老罕王努尔哈赤,其实这只是一个故事。满族人敬犬爱犬,主要是因为狗在他们祖先的狩猎生活中起着重要的作用,是他们的忠诚伙伴和重要助手,满族先民与狗之间建立起了特殊的伙伴般的亲密感情。

森林部落几乎每家都养犬,最多的养七、八条,十几条,甚至分成爷爷的犬、父亲的犬、长子的犬、二子的犬……狗不仅可以看家望门,而且在严寒的冬季,十几条狗拉的狗爬犁,是人们出门来往行猎的主要交通工具。元朝时期,曾经在黑龙江中下游建立若干个狗站,作为沟通内地和边疆的重要交通手段。

狗还是猎人狩猎中的得力助手。狗见到野兽,即使对手再凶猛,狗也不会退却,不会改弦更张或望风而逃,它们会不顾一切地冲上去。几条狗围住野兽,左冲右扑,绝不畏缩。特别是在主人遇到危险时,它们会义无反顾地冲上前去相助相救。在狩猎中,不知有多少义犬死于虎口熊掌之下。这样的忠义之士,满族人怎能不爱呢?

传说古老的肃慎人曾经驯养过一支狗兵,这支狗兵有上百条狗,由女真人训练其俯卧冲咬,后来这支狗兵在战争中发挥了重要作用。

【评论】

狗是人类的好伙伴,是北方民族的朋友,是森林民族的朋友,尤其是猎人的朋友。对这样忠诚的朋友,满族先民怎么忍心吃它的肉呢?满族人讲义气、忠于朋友的民族性格,也许是受到狗伙伴的影响才逐渐形成的。

五、班吉与玛虎

班吉就是图腾柱,一般是用粗木刻成的,立在部落的门口或部落内的广场中间。班吉刻的内容很多,除虎、熊、蛇、蜥蜴、蜈蚣等动物外,还有山神、水神、风神、星座等,甚至还有男性生殖器和各类魔鬼的鬼脸。

玛虎是一种面具。这种面具是用树皮、兽皮、龟盖或海贝制成的。面具的表情各种各样,有深思的、诘问的、凶恶的、哭泣的、诡谲的,千奇百怪,但每种都有其特定的内涵。它们或者代表着一种动物、植物,或者代表着某种天文现象。人们戴着这些面具跳起舞来,如同这些动物和鬼怪在身边活灵活现地表演。

森林部落的人爱戴着玛虎跳舞,称跳玛虎。从肃慎人起,人们就敬重玛虎。看到玛虎,人们仿佛看到了自己的先人,又回到了先人们的生活中间,令他们感到亲切。

开始跳玛虎时,一个人手拿着鼓沿街边敲边跳,用咚咚的鼓声召唤人们出来。不一会儿,人们纷纷出门来到场地,杀猪列宴,众人在祖宗位前跪拜磕头,敬香致词。祭毕,起立击鼓,众人拍掌,几个表演者在场地中央跳玛虎,尽情欢乐。因每人所扮的角色不同,各人的舞姿和吼声也不同,但却惟妙惟肖。

人们头戴某一种玛虎,就尽情展示它的生命力,发出它的声音,表现它的动作,又蹦又跳,又唱又叫。表演时还有一波三折的故事情节,有追逐打斗的场面,令人紧张,令人感动落泪。歌舞毕,人们聚在一起拍掌而乐。

按照约定,玛虎面具须由玛虎师来做。每个部落保存着祖先留下来的玛虎底样,由玛虎师傅保留。做玛虎时,玛虎师傅必须选择一个无人的僻静之处,按照底样来复制,不许让其他人看见。如果不经穆昆达(族长)允许私自做玛虎,会遭灾难殃及族众的。

萨满死后或大型祭祀完毕，玛虎面具要埋葬或烧掉，不留存。

埋葬玛虎面具时，人们在头领的带领下排着队，一个一个把玛虎面具扔进墓坑中，掩埋后，众人跪拜而归。由于这个习俗的存在，导致森林部落玛虎面具留存至今的极为稀少。

【评论】

班吉和玛虎是萨满信仰的重要表现形式。从这里可以看出，满族先民们崇尚的班吉与玛虎，与萨满的多神崇拜是一致的，或者说是萨满多神崇拜的表现形式。这是森林文化的一个重要特征。

玛虎的制作，由于必须由玛虎师在僻静处进行，再加上跳玛虎仪式后对玛虎的销毁，使满族先人留存下来的玛虎面具少之又少，这增加了玛虎面具的神秘感。但是我们相信，跳玛虎的现象在我们先人中长达几千年的一段时期内是盛行的。

怎样解读玛虎面具所表现给人们的怪异与诡秘呢？它不像现代戏剧那样表征意义明确。可正是这种包含了诸神鬼怪在内的，带着沉思、诘问、凶恶、悲伤等表情的脸谱形式，却可能是演绎了先人们遭遇痛苦甚至灾难的生活经历。是先人们告诫后人一定要尊崇什么、敬畏什么、躲避什么，以及告诉后人天神、动物、人之间的关系应怎样相处的最简单的倾向于哲学化的最佳形式。

至于究竟是先有萨满（神），在萨满的指导下形成了先民们的一些猎俗，规定了应该崇拜的诸神及脸谱的形式呢，还是在猎人们长期的生产经验基础上逐渐形成了萨满（教），这是个更为深刻的问题。

感　悟

古老猎歌歌一曲，先民令我掩卷唏嘘。

这是怎样一些森林部落的古老故事哟！它是那么遥远，又是那么亲近；那么虚玄，又是那么真实。这是一幅满族先民原始生活、原始文化、原始思维的长卷。在这幅长卷里，萨满文化的元素融入先民们生活的每个角落；尊重自然、与自然和谐相处的天人合一思想及保护环境、珍惜资源的朴素生态意识渗透在每言每行的每个细节。先民们万物平等的思想，乐于施善的情怀，包容大山的心胸，以邻为友的意识中，潜藏着多少建设和谐社会的精神资源！敬畏吧！反思吧！淘取先民精神中的金粒吧！这样，我们才有希望在建设绿色文明中摆正自己的位置，才有希望看到一个“可持续发展”的和谐的未来。

采石祭山基本信息

关书楷

一、所在地区域及其地理环境

阿城满族及其他民族采石“祭山”的习俗主要流传在哈尔滨市阿城区东部山区，阿城区位于东经126°42′至127°39′与北纬45°21′至46°00′之间，其东部属张广才岭西麓，山势起伏连绵，南抵吉林哈达岭，东连老松岭到海，其西部为丘陵地带，是松嫩平原的东缘。因之，其西面农作发达又人口较密，而西面官民所用石质建材皆取自其东面山地。况且阿城实为平原与山地接壤处，自然是农产同山产之集散地，因之，自金代历元明清至今这里的古驿道和今之铁路、公路畅达。

正因如此，阿城山区采石兴起、发展成为必然，而采石业的兴起延续发展又必然会产生相应的采石文化，如是，开山取石而祭山祈神之俗便出现乃至相沿至今，此纯属民众自发的活动，历久不断且届时自动进行。

二、分布地域

开山取石祭山祈神主要活动在阿城东部山区及毗连的宾县、五常、尚志、宁安等地。

三、历史渊源

满族及其先世久居白山黑水之间，长期过着渔猎、采集的生活，依天然的自然物为其衣、食、住、用之源。因之便产生了万物有灵观念。据《晋书·肃慎氏传》载：肃慎人上山采石制箭头，“必先祈神”，当三月中旬本地天气转暖、冰雪消融，采石作业开始，应先祈神以保一年之平安，于是便进行祭山之举，久而成风相沿至今。

四、相关器具制品

需备酒、肉（熟食）、草香、神位及神龛。

五、基本内容

逢农历三月十六上午10时8分行祭山之举，是时每个石场场主率石场全体员工（不含女性）至祭祀场上，众人向山神（即场地之山脚下的小庙或神之牌位）行三遍跪拜礼，而后由队伍中之年长者燃香一炷，双手举香立于神龛前向神祷告，祈神保佑一年采石平安、石业兴隆之语，言毕，由队伍中之年轻者（两人）上飨于神龛前，请神享用，而后全员下山回屋喝酒吃祭祀肉（不禁性别），酒足饭饱后到场上看小戏或听二人转等文艺表演［现多以秧歌（央求之意）代替，实为误神误人之质］。

此行规模大小、内容多少皆无定制，丰简由人，应量力而行。

六、主要价值

显而易见的是，采石活动是要打破山体自然状态、要破坏植被自然生态的，人们认为如此必然会引起天怒神怨！那么天神定要惩罚采石人，所以采石人理应向天神陈诉原委请求原宥，冀期减轻罚度不降灾祸并多保平安，那祭山之祷词则必是："因生计我等开山取石实为不得已而为之，我等只是用多少取多少而决不滥开奢用。敬请山神体谅准核，如若不然甘受罚惩，敬请监察，并备酒食进献以表谢忱。"由这祷词中则可见：

❶先民们崇尚自然，体现出其萨满的教旨。

❷先民们热爱自然，节减用度体现出其朴素之风。

❸先民们热爱自然，节减用度使自然资源得到保护。

❹先民们热爱自然，节减用度使自然资源得以持续利用。

❺先民们热爱自然，节减用度体现出其天人合一的和谐理念。

七、基本特征

1. 满族、汉族"祭山"活动是在阿城东部山区特定的自然地质和文化历史环境中由采石部众于长期采石作业中形成的一种"文化空间"形式，具有广泛的群众性（采石者中）和民间传承性。

2. 体现了采石人对平安幸福渴望追求，因而是纯自发的活动。

3. 通过"祭山"之举进行神与人的勾通、人与人的交流来实现人与自然、人与人之间和谐相处。

4. 是按年定时进行，因之也可视为行业节日，如同牧人"敖包"。

八、相关文献

本文参阅了《黑龙江省志》五十六卷、《阿城县志》《可爱的家乡阿城》《晋书·肃慎氏传》《满族通史》《满族文化与宗教研究》《满族风俗考》《吉林满族》《满族大辞典》《满族研究》《关东故事学》等文献资料。

九、几项说明

1. 此举系民间自发活动，自古相沿至今，采石作业各样事故时有发生，祭山之举是人们期盼平安之使然，此举影响颇大，各采石场点均自动届时举办，如某石场不举行祭山则工人多不敢上山作业，场主加薪亦无济于事。

2. 各场组织者多可视为传承人。

3. 阿城区石材协会会长陶相助可资传承人之代表。

4. 2003 年 4 月 17 日（农历三月十六）我应朋友之邀前往哈尔滨市红星乡苏宪民的青石采石场参加该场祭山活动全过程，目睹此举还留有照片数张。

十、观采石感言与祭文

观采石感言

你开山，我开山，炮响土崩石浪翻，草木根指天。

石进城，木进城，夜半空山子规鸣，谁恤巢覆情？

调寄　双红豆

祭山祭文（祈神祷辞）

惟××三月十六日，采石部众心怀肃仰，恭集于大山神祇位前，躬行祭拜，焚香稽首。兼备牲灵、珍馐、蔬果、醴酒敬献山之神祇。嘉悦享之。

歆欤大山神祇，地擎天照、伟岸丰森、大度豁达、施仁诸部、拯弱救焚、加爱黎庶。

呜呼！慈哉！善哉！君之功，高如白山之巍巍，君之德，广若黑水之浩浩。荫及四海，泽布八荒。

时下我等黎庶，身置风吹雨淋雪侵之境，寒号难耐；又有豺窥狼袭屡遭洗劫。为逐爆虐，尚需用石制矢以防侵害。故前来采石还需砌墙筑屋挡风御寒，栖身而存。祈请原宥！

我等实属不得已而为之。只是量用度而取，决不滥采奢用。务行自策自律，如有作奸犯科，怠懈初衷者，甘愿受惩！神祇尽可降灾！

愿神祇贶我族类，允我取石。令我类得以生存。我等不胜感激！

尚祈神祇保我做业平安，佑我石业兴隆，成我部众广厦基根永固，令我一方路畅桥通。予我部安居创业之保障。我等铭记恩泽，永世不忘！

我等传承族薪，世代供奉。笃行不倦，恪守节俭之旨，严紧用度。以恤神祇圣心，以报神祇宏赐！

谨此！

受飨！

金龙山的传说

袁富海

据说位于金代故都阿城东部的金龙山与女真族完颜部落的发展壮大有着不可分割的历史渊源。

相传，女真族完颜部落遵循萨满神灵的指引，率部跨越莽山林海，艰难西迁，找到了金龙山，从此过上了丰衣足食的好日子。

在一千多年前，生活在我国北方的女真民族共有三十多个部落，他们过着"夏逐水草，冬处地穴"的游牧式生活。他们信奉萨满教，唱萨满神曲，跳萨满舞，借助神灵来统治族民。在部族之间长期的恶斗中，完颜部落被欺压到濒临灭亡的境地。传说部落酋长绥可于危难之际求助神灵指点，被告知："西去有一座吉祥的金龙山，可救部族于水火之中。"于是，一个一千多人的部族在莽山林海中艰难地行走了数月，受尽了迁徙之苦。在一个漆黑的暴雨之夜，他们走出了莽莽群山，却面临着连天的水泽，茫然之际，酋长绥可再次竖起神杆，敲起萨满神鼓，族众虔诚地跪伏在地，求助神灵指点。瞬间，天空惊现炸雷闪电，只见身后的山峰金光闪耀，像一条金龙翻腾欲飞，这神灵的闪现点亮了所有人的希望。紧接着，东方泛白，红日东升，一座金灿灿的大山屹立在眼前，脚下展现一块傍山临水的宝地。从此，部落在此安家定居，并逐渐生息繁衍，发展繁荣起来。

从那以后，女真人就把西迁经过的山脉叫"遮根采良"（女真语"吉祥如意之山"），后来转音为"张广才岭"，就把身边的这座大山叫做"金龙山"了。

传说金龙山上有一条勤奋、善良的小金龙，是它劈山拓河造就了良田沃野，并给予女真人必要的扶持，所以，这个部落民族才逐渐地发展壮大起来。这条小金龙是应龙的儿子，身披金甲，肩有双翼，依伏于巍峨的金龙山上。它频频降雨，让平原形成了湖泊，女真人只能在金龙山的高坪处谋生，每到雨季更是洪流滚滚，一泻千里，使部族人望而生畏。这时候，女真完颜部酋长绥可的长子石鲁逐渐长大，他性格刚毅，志高胆大，听说山上住着金龙，就秘密准备着要去求助金龙。这一天，他背上一袋子干粮进了山，边走边喊金龙，总是能听到回应声而见不到金龙。几天过去了，一身疲惫的石鲁睡在了吊水壶岭的天成洞里，这时，金龙变成一个小孩叫醒石鲁说："能给我点儿干粮吃吗？我饿得快不行了。"石鲁想：找不到金龙活着也没什么意思，干脆救小孩一命吧。谁知这小孩一口气吃光了大半袋子干粮，然后，随手搂起一袋沙子跟石鲁说:“你枕着这袋沙子睡吧,无论发生什么都别丢掉它,会用得上的。”说完就上山了。这时,雷声大作,山石崩裂,大水如柱奔腾而下,水过处立时撞出一条大河来。石鲁急忙拉住沙袋子,可顷刻间被冲走了大半袋,再往山外看,艳阳高照,湖泊之水全部归入这条大河,蓝天白云下显露出了万顷平原沃野。石鲁想:这肯定是金龙相助,立即向着小孩上山的方向跪拜谢恩。然后,抓起剩下的沙袋返回家里,倒在地上一看,竟是闪闪发光的沙金。人们听说后,都纷纷的到河里去淘金,果然有捞不完的沙金,再加上捕鱼、打猎和男耕女织,从这以后,部族的生活更加富裕了。

从此,人们管这条河叫“按出虎水”,就是金水河的意思。这条河后来成为女真人的运输河,一直流入松花江。到了清代改为“形”称,叫“阿勒楚喀河”,意思是“流程犹如人耳般的曲折”,再后来就简化为“阿什河”了。

据说,金太祖完颜阿骨打就是金龙的化身,是金龙山上的金龙投胎转世的。

一千多年以前,在金龙山下,按出虎水西岸,散居着女真族完颜部落的人家,泥土墙,房盖上铺着泥草和桦树皮,而部落联盟长劾里钵家住着两座毡帐房,联盟长正领兵在外作战,妻子纳喇氏怀孕十几个月还不生,部落人都感到奇异,私下纷纷议论说,这要是男孩将来一定不是凡人。果然,到了咸雍四年(1168 年)七月初一天刚放亮,突然从金龙山上传来了虎啸龙吟,震醒了沉睡中的部落,就见河水沸腾,金鱼跳跃,野鹿群狂欢舞蹈。人们纷纷从房子里跑出来,跪在地上向神灵祷告,祈求保佑平安。一刻间,一切又归于平静,一轮红日从金龙山巅冉冉升起,霞光满天,就见联盟长劾里钵家的毡帐顶上有一朵五彩祥云渐渐升高,就听毡帐里传出响亮的婴儿啼哭声,这声音传到金龙山上产生了回声,阿骨打就这样降生了。这时,人们恍然大悟,一齐站起身来奔向毡帐,几个年长的妇女急忙设置“神水”,即取一定温度整木盆的水放在阳光下,跳萨满舞,求神灵降入甘露。然后,为孩子洗浴,求得聪锐、平安。洗浴后发现,盆内落下大量鳞片,金光闪耀,无比坚硬。从此,阿骨打是金龙投胎的传言不胫而走。据说,这些鳞片在阿骨打率兵伐辽时做成了盔甲,刀枪不入。

公元 1115 年正月初一,太阳刚一冒红儿,完颜阿骨打在文臣武将的簇拥下,黄袍加身,建元收国,宣布国号为大金,自称金太祖。据史书上说,完颜阿骨打与“金”字有着不解之缘。祖辈寻找金龙山的故事,金龙显圣开拓“按出虎水”的神奇,金水河产沙金致富女真人的现实和阿骨打的身世之谜,都令他不能不以“金”为号。

大金国“奉金龙山为神灵,有金龙来护佑”,历九帝,凡 120 年,统治了中华民族大半个中国。

吉祥如意的山——张广才岭

穆晔骏

张广才岭是长白山的支脉，位于黑龙江省的东南部。它南起吉林省敦化县；北和小兴安岭南麓相对；西到阿城；东至牡丹江岸，是松花江地区和牡丹江地区的界山，海拔800多米，主峰高达1 687米。张广才岭以东为牡丹江水系，以西为阿什河、拉林河水系。

张广才岭是个天然的风景区。春天，草木峥嵘的时候，呈现出一派生气勃勃的景象；夏天，满山苍翠，瀑布和弯曲的流水点缀其间，犹如一幅美丽的图画；秋天，五颜六色的树叶和成熟了的山果，形成一个丰收的世界；冬天，银装素裹，白雪皑皑。这四时变换的美景，怎能不令人神往？

“张广才岭”一名源于满语“zhe gen sa lin”。“lin”译音为“阿林”，是山岭的意思。“zhe gen sa”译音为“遮根采”，后来汉语音转成“张广才”。康熙年间撰写的《五体清文鉴》和乾隆年间撰写的《三合便览》二书中，均将“zhe ge sa”释为“幸头好”，即吉祥如意的意思。

张广才岭以其特有的森林资源而闻名中外。魁伟的红松、挺拔的白桦、婀娜的柳枝、娟秀的山杨、坚硬的黄菠萝到处可见。其中红松、鱼鳞松、黄花松最受人们欢迎，而且经济价值也最高。其中许多树通直无节，质地坚硬，为建筑、造船、军需和家具所需的珍贵木材。

张广才岭还是珍奇异兽经常栖息的地方，这里的豹花海青是禽中珍品，久负盛名。早在清朝初年，居住在这里的满族人就把它作为贡品，送往京城，献给皇帝。此外，还有机灵的松鼠、善跑的獐狍、温顺的犴鹿、凶猛的黑熊、著名的东北虎、花豹、黄豹、紫豹、狐狸、野猪等，如果我们置身其间，犹如走进动物王国，令人赏心悦目。药材有人参、党参、细辛、黄芪、五味子、赤芍等。河里还有狡黠的水獭、

张广才岭

快活的游鱼。总之，张广才岭可真称得上是一座天然的宝库。

到清朝康熙年间，“张广才”一名才正式流传。当时东北是封禁之地，这里居住着满族猎人。他们依靠弓箭、木棒和长矛，从事简单的狩猎生产。猎人每逢进山，首先要祭拜山神，然后行猎，总能满载而归。所以，人们惯用“幸头好”来祝贺丰收。因相沿成习，而得以名山。

金龙山史话

洪仁怀

很久很久以前，在白山黑水之间生活着一个古老的民族——肃慎。一千多年前肃慎的后裔——女真有许多部落生活在今天的东北大地上。从南向北流的胡里改江，也就是今天的牡丹江，其支流仆干水（今今尔站河）的河畔聚居着一支完颜部族。一个名叫函普的人，非常聪明也有能力，把完颜部发展壮大起来。打的猎物捕的鱼越来越多，采摘的菜、果、药材都有了剩余，能种的土地都开垦出来了，糜子酿的酒也很香醇，生活是越来越好，氏民们都很尊敬他和他的家人，他也想了很多办法解决氏民间、部落间的争斗。大家非常满意，把他推选为完颜部酋长。与此同时，周围的一些部落也愿意和他们交好，并和有亲属关系的部落组成了部落联盟。

由于氏族的发展，人丁兴旺，但是许多问题也伴随而来。山货水货觉得不够了，地盘太小了。到了他的儿孙们时，就显得更紧张了，便产生了要走出去寻找新的水草之地的想法。

在10世纪中叶时，完颜部联盟长函普的孙子跋海时常为新的安居地发愁，也曾派人四处打探，可是没有好去处。一天晚间，跋海忙完一天的事后，回到了家。他的家是在山坡旁向阳之地的一个大穴坑，用坚实树干架起，上面覆盖大张桦树皮。然后再在上面压上土，顶上开窗口形成一个大高阜既保暖又防水。里面很宽敞，有很多个室，上下用梯子，也很安全。晚饭后，孩子们像往常一样，围着要他讲故事。正在这时，从天梯上走下一个面阔鼻隆身材魁伟，双目炯炯有神的青年，原来是跋海酋长的长子绥可。绥可已成年，按女真人

习俗已另有穴居室。绥可一看知道是吃完饭要讲故事了。他对父亲说:“能不能讲些祖宗的故事?”跋海也想乘机对儿孙们进行教育,便神态庄重地讲了起来。他说:“你们都懂事了,像绥可都长大分居了。我们家是完颜大家庭领头的,不仅我们家要过得好,还要整个部族都过得好,甚至连亲属的部落也要好起来,这才是我们应该做的。绥可,你今后就是完颜部的头人,你应该知道我们女真人的历史。”绥可饶有兴趣地问道:“我们女真不是北面水边的黑水靺鞨吗?”跋海说:“对。我们祖先是黑水靺鞨,逐渐南迁,可你知道吗?我们的祖先神是至高无上的天母阿布卡赫赫,是从水泡里生出来的。她有七彩神光,白亮湛蓝,她的气能生万物,光也能生万物,身生万物。她先生了她两个姐妹:从她上身裂生出卧布多赫赫女神,也称星神;从她下身裂生出巴那姆赫赫女神,也称地母神。这三位神都是我们的祖先神,她们一起造了各种神,又造有男有女的人类,世界上的东西都是她们姐仨造的。

“她们造的女神中有一个叫敖钦的女神,原本是守护神,九头八臂、神力盖世。但她又很狡黠,不久就渐渐忘了本而不安守其职。慢慢地又要背叛天母,还要和天母一比高低,她要说了算。因此,一场宇宙大战在所难免。

“巴那姆女神和卧布多女神对敖钦女神的忘本不义很是气愤。一天巴那姆女神愤怒地用两块大石砬子打向了忘恩负义的敖钦女神。可是有些‘章程’的敖钦女神头顶一迎将一块尖山石变成了头上的独角,直伸天穹。又用胯下一接将另一块尖山石变成女神身下的索索,也就是男性生殖器。敖钦女神就突然变成了能自生自育的一角九头八臂、神通广大的男魔耶鲁里。恶魔耶鲁里率领自己生育的成千恶魔,吞噬万物,称霸苍穹,浊雾弥天,为非作歹。智力和技巧的战斗——天宫大战开始了。

“以阿布卡为首的三女神英勇作战,首当其冲,但恶魔耶鲁里也诡计多端,故险象环生、一波几折。几多恶战互有胜负,有时也将三女神逼入绝境。一次耶鲁里悄悄冲上青空,口喷黑风恶水,淹没穹宇大地。阿布卡赫赫也升到天上。刚要开战,耶鲁里把迎面冲来的阿布卡赫赫身上的由九座石山、九片柳林、九条溪流、九架兽骨编成的战裙扯下来。没有了战裙,阿布卡受了伤,招架不住,便只好逃了出来。在众星神的保护下,逃回九层天上,疲惫不堪,昏倒在金色太阳河旁。正巧河边有一棵高大茂盛的神树,神树上住着一只像海东青样的九彩神鸟。看见阿布卡天母昏倒,马上飞了下来,细心地用河水为她冲洗伤口,用自己身上的羽毛抚摩阿布卡天母的伤口。同时,用九彩神光编织阿布卡的护腰战裙,一段时间后,阿布卡伤愈如初。”

“为什么这么多‘九’啊?”绥可的弟弟绥兀问道。

“我们女真人都信萨满,而萨满认为‘九’是吉祥如意之数,是满而盈之数,象征着无限多的祥瑞。假如你碰到九岩、九山、九川,那就是吉祥之岩、之山、之水,预示着好运。山、水、树、草是我们氏族的靠山、基础,九岩、九山等就预示着我们氏族的兴旺发达。”跋海接着讲道:“阿布卡恢复了身体,穿上了神鸟编织的神裙。这时,卧布多女神和巴那姆女神率领众神来看阿布卡天母，一看天母身体恢复了，很是高兴。可是九彩神鸟说就现在这样也不一定能战胜恶魔，还得想个稳妥的办法。它听说万物魂魄凝成一体，即可无敌，能不能试一试呢？又听说吃石可健体，也可以试一下。于是，地母女神将自己生养的虎豹熊狼等百兽之骨、蛇虬蟒龟等百虫魂魄集起献上，阿布卡赫赫集百兽之骨魂，聚百虫之精魄，成了无敌于寰宇的神。阿布卡要强筋健骨，她知道石凝成高山，山聚成龙脉，要吃石补身。便派神鸟飞往东海采衔九纹石，她将东海九纹石整块的吞下。天母阿布卡将自己的头发变成森林大树，这树通天通地成为天树，天树通天桥，天桥天路分九股、九天、九路住着众神：一九雷雪神，二九溪涧神，三九鱼鳖神，四九天鸟长翼神，五九地鸟短翼神，六九水鸟肥脚神，七九蛇猬追日神，八九百兽金洞神，九九柳芍银花神。这些众神在阿布卡天母领导下，同仇敌忾，同心同德，几次大战，战胜了恶魔，还了天宇清静。阿布卡执掌着天界，接着又命令大鹰星神哺育了世上第一个通晓神界、兽界、魂界的智者——大萨满。并用太阳河里生命和智慧的神羹喂育萨满，用星神的神光启迪萨满，用地母神的肤肉丰润萨满，使他运筹神技。也用恶魔耶鲁里的自生自育奇功诱导萨满，使萨满成为世间百聪百伶、百慧百巧的万能神者，抚安世界，传替百代。”

绥可兄弟们听得是神虔意诚，有滋有味。绥可说：“我们祖上是多么不易呀，虽然只是传说，但却反映了女真先人创世之艰难。我一定好好学，好好干，立志接替父任，做一个名副其实的萨满，做一个对得起氏民的酋长。”

过了些年，绥可执酋长之位。氏族更兴旺了，人口更多了，仆干水之涯更不适宜部族的发展了。一次酋长会议研究了好久，决定为迁徙做准备，派绥可之弟绥兀带先遣队探路，寻水草丰美之地而居。当天晚间，绥可梦见父亲托梦于他，说北方不远之地便有一片山清水秀之地。前临水，面对大平原，后靠山，森林茂盛，物产丰富。又告诉他说，此地有九脉之象，可兴邦立国。说完隐去。第二天，绥可即告绥兀，说父亲显灵让我们去找龙兴之地，找不着不准回来。

过了半年时光，绥兀传来消息说确有一处很像父亲所说之地。绥可便决定举族迁徙。经过一段时间准备后，大队人马启程，跋山涉水来到一条大河旁。河面很宽，水流缓急有度，两岸山青川平，一望无际。一问知叫按出虎水。过了河走到按出虎水支流海古水侧。绥可将大队人马安定后，亲自溯海古水踏察，发现山川秀丽、水草丰美。山地丘陵奇而不险，平原广阔，适于耕种。再往上走，更是惊奇万分，脉象九盈，连绵不断，土人呼为九龙山，再往里走，古树参天，地如绿毯。有一条汩汩之水清澈腾奔，从一泉眼而出顺山而下，绥可不禁惊呼“此乃龙泉也”。土人说：“此为按出虎水第一源头，安出虎乃金子之意，按出虎水即为金水河。你没看那座大山挡住了它的出处，逼它绕行吗？故那座山称为‘横头山’，山上有九个大石砬子，称为九龙岩。”绥可说：“此处真是好地方，此乃金之源也，就叫它金龙山吧。”

过了几日，父亲又来托梦，父亲拍着他头说："此按出虎水之侧，乃兴邦之地，有九帝之业，老天会保佑你们的，切记切记。"

从此，绥可即在金龙山下、按出虎水之侧安居下来，耕垦树艺，耒耜农桑，炼铁烧炭，搏虎驯狼，建屋造车，逐渐强大起来，成为生女真联盟的统帅，奠定了大金立国的基业。

小罕放山与祭山

那国学

从前，满族人家不分贫富，院子里都立着一根一丈多高的杆子，叫索罗杆（索拨杆），也叫神杆。这杆上还放一个像浅碗似的锡斗，斗里边放些五谷杂粮或猪下水。当年三十傍晚祭祀时，锡斗里边放上猪下水或鸡下水，让老鸹、喜鹊来吃，这叫神享。

为什么要竖这个杆子呢？据说那杆子就是老罕王（努尔哈赤）当年放山挖棒槌（人参）用的索拨棍。

传说当年小罕被明朝山海关总兵李成梁追赶时，先是李成梁的小夫人（李妈妈）救了小罕子，然后又有大青马（大青救主）、大青狗（义犬救主）、老鸹、喜鹊（乌鸦大救驾）救了他，他才逃出去，一气儿跑进了长白山。

这天，天色已经晚了，小罕子来到了一个立陡的石砬子旁，四外树木葱密，没有人烟。山里狼、虫、虎、豹出没无常。天黑了，小罕子怕山牲口伤害他，就爬到树上去过夜。晚上，听到的是虎啸、狼嚎，可倒也平安无事。

第二天，他遇见了山里一伙放山挖参的人，整整八个人，他们都是从部落里逃出来的女真人，在山里相遇，结成了异姓兄弟。这一天，吃完早饭，大伙儿背着参兜子，拄着索拨棍，跟把头进山。大家来到石砬子下边一条大沟里，只听有个小孩喊救命的声音。大伙一看，原来树上坐着一个十四五岁的小孩，那就是小罕子。大伙儿把小罕子从树上救下来。小罕子就把自己的遭遇述说了一遍。把头看小罕子虽然穿得破破烂烂，长得却是体格魁梧，两眼炯炯有神，一副聪明相，就说：“你要不怕吃苦，就跟我们

一块儿放山挖棒槌吧。”小罕子一想，这就是长白山我们祖宗的发祥地呀，暂时在这躲一躲吧。于是就跟大伙儿插草为香结拜成生死弟兄。小罕子年纪最小，是老疙瘩。

把头看小罕子太小，又是个初把，怕累着他，就派他看戗子、做饭。他每天在戗子外边，搭上三块石头，把锅坐到上面做饭。

那八个弟兄每天爬山越岭去挖参，一晃就是半个多月了，可是，连个二品叶子也没挖着。

这一天，大伙儿正在窝棚里抽闷烟，外边下着蒙蒙细雨。忽然刮起一阵大风，接着就听到一声吼叫。大伙儿往外一看，可了不得啦，山神爷来啦（那时管老虎叫山神爷）。这只老虎瞪着像两盏琉璃灯一般的眼睛，蹲在戗子外面。这时把头站起来，把帽子摘下来说：“山神爷找咱们来了，咱们还是按规矩办吧！”说着就把帽子扔了出去。什么规矩呢？就是遇到老虎，就得轮流扔帽子，谁的帽子被它叼走，谁就得跟着老虎走。

小罕子一听有这个规矩，就急了：“你们都有妻子儿女，还是我去吧！”众人哪里肯放。最后还是决定听从天意。把头上的帽子扔到老虎跟前儿，老虎理也不理；第二个人又扔出一顶帽子，它闻也不闻；第三个再扔一顶，老虎索性闭上了眼睛。最后轮到小罕子，老虎一看帽子，站起身来，叼起帽子，慢腾腾地走了。

小罕子告别了众兄弟，跟在老虎后面走。走啊，走啊，爬过一道岭又一道岭，老虎也不吃他。走着走着，老虎看小罕子累了，就离老远蹲下了，小罕了看它没有伤人的意思，也就坐在倒木上歇着。就这样，走走歇歇，老虎把小罕子领到一座陡峭的石砬子上边，只见上边一个平台，长着一片绿莹莹的草，小罕子用手中的木杆一拨拉，看见每棵草上都顶着一团红籽儿，小罕子又用木杆拨拉，发现一片顶着团红籽的草，莫非这是棒槌？这时就见老虎一纵身，跳过山涧，一转眼就踪影不见了。小罕子知道这是山神爷来搭帮他们了，就趴地下磕了三个头，掐下一朵红花，下山去了。

小罕子回到窝棚时已是后半夜了。来到了窝棚门外，就听见里边哥几个正哭呢。一听小罕子叫门，就哭得更厉害了。大伙儿说：“小罕子兄弟，你死的屈呀，明天给你烧点纸，你快走吧！”小罕子说：“我没死，快开门吧！”大伙儿一听果然是小罕子的声音，就把门打开，一看真是小罕子回来了，大伙儿乐得

小罕挖棒槌（修子奇 绘）

合不拢嘴。小罕子就把老虎怎样把他领到一个石砬子上和看到一片草的事儿说了一遍,又从怀里掏出那朵红花籽儿。大伙儿一看,正是棒槌籽儿。第二天,小罕子领路,找到了那个石砬子,平台顶上有一大片棒槌。把头说:“这是山神爷搭帮咱们,遇见棒槌营了!”他们足足挖到天黑,一共挖出八八六十四棵大山货。大伙儿一人背个大棒槌包子,连夜下了山。第二天早晨到马市上,他们用那些大棒槌换了马匹、兵器、粮草,然后起兵,人也越聚越多。后来小罕子成了一位智勇双全、骑射绝伦的英雄,并组建八旗开元建国,当上了前清朝的皇帝。当年那八个生死弟兄,一直都保着他。

为了纪念老罕王和八个结拜兄弟放山挖棒槌发迹的那段历史,由八兄弟提议,老罕王批准,确定以老罕王的生日那天,也就是每年的农历三月十六为山神节,要在山神庙前立索罗神杆,献净豕和供品于山神庙前的供桌上,歌颂山神,祈求山神护佑赐福,行三拜九叩礼,祭拜山神。所以,满族人就将这个规矩传承下来,尤其是在山里采集的人,每年的农历三月十六都要过山神节祭拜山神爷。

满族放山习俗探微

周承武

东北长白山是人参的故乡，也是满族“祖宗发迹兴旺之所”。在那久远的年代里，古老的女真人和他们的后裔满洲人在这里过着日出而作、日落而息的生活，游牧渔猎。采集是他们的主要生活方式。采集俗称“放山”，采集人参是满族山民放山生产中的主要生产方式，也是他们靠其维系民族繁衍，赖以求生的重要经济来源。俗谚云“关东有三宝，人参、貂皮、乌拉草”。人参以它神奇的药用功效列三宝之首，满语叫“额尔和多”，意为最宝贵的药。清太祖努尔哈赤就是以采参发迹兴邦的。至今，满洲族众中还流传许多罕王采参的美丽传说。满族是白山黑水的骄子、宠儿，因此，后世评说满族渊源，无不谈及满族古老的放山习俗。

“放山”是一种劳动量极大的艰苦的生产活动。放山人为了获取珍贵的宝藏，成年累月活跃在深山老林之中，整日翻山越岭，风餐露宿，攀悬崖，登沟坎，钻丛林，爬沟塘，时不时地还要同山猫野兽、狼虫虎豹搏斗，这些都给放山人带来许许多多困难。长期的山林生活，使满族放山人养成了勤劳果敢、坚韧刚强、不畏艰险的民族性格。

民风民俗都是来自于劳苦大众的日常生活和劳动生产过程之中，同时又多与民族信仰、社会风情、祭祀禁忌等众多风俗习惯密切相关。仅就放山习俗来说就有多种多样的山礼山规。千百年来，那些不见经传的传统放山习俗，在民俗文化传承中，早已形成民族民间习俗，成为放山人毫无质疑、信守不渝的规矩套路。

结伙放山

成帮结伙采参，俗称“求伙”。上山采参必先“求伙”，这是来自放山生产自身的要求。成帮结伙有很多好处，既利于分工“排棍”，又便于互相照应。一个人放山叫“跑单棍”“放孤个子”，历来很不多见。不用说一个人不便采参，两个人都不能放山。放山人之所以不辞辛苦、不避艰险，冒着生命去干，都是为了发大财，“一朝得手，终生受用”。俗话说：“清酒红人面，财帛动人心。”二人放山，一旦获得无价之宝，就容易演发成见财起意、图财害命的悲剧，在放山采参的民间传说中，这类故事是不在少数的。

民间故事《凤凰滴泪》就记录了这样一个故事：从前有两个非常要好的朋友，对二人不能放山的说法产生了怀疑。他们认为采参人必须像采参祖师爷一样讲义气。讲义气，是放山人最高的道德标准，因为只有讲义气，才会受到祖师爷的保佑，否则就要受到惩罚。他们觉得“二人不放山”的说法是对人的情感和信义的亵渎和玷污，他们便决心上山跑一趟，看看到底两个人能不能放山。为了进一步加深友谊，上山前两个人磕头拜把子，起誓发愿结为金兰之好。上山后不久，在一棵枯树洞里得了一棵足以卖一笔好价钱的名叫“凤凰单滴泪”的大参。这回，在财宝面前，大哥见财起意了，乘小弟行路不备，把他推下悬崖，大哥独贪了这棵宝参。后来，在回家的路上，大哥“麻达山”了（迷路），被山牲口吃了。小弟被山腰的藤萝托住没有摔死。这棵参最后还是落到了小弟手里。

民间故事《挖棒槌》讲：姐夫是个放山的老把式。小舅子家境贫寒，念不起书，十五六岁就跟姐夫学采参。进山后不久，小舅子找到了一棵宝参，天真的孩子如实地说给姐夫。第二天，姐夫却背着小舅子挖了宝参，在回家的路上，抽冷子把小舅子推下山涧，自己进京献宝。结果真货脱壳走了，只剩下两块桦树皮，闹个欺君之罪，杀了头。小舅子被蟒仙搭救，最后小伙子进京献宝做了御弟，加封为一字并肩王。

这两则故事都是出自善有善报，恶有恶报的“因果报应”的意识，但就其民俗意义来说，还是完全符合劳动人民惩恶扬善的传统道德观念的。当然求伙放山绝非“二人不能放山”的说法所致。

放山把头

俗话说“人无头不走”，放山把头就是放山群体的带头人。上山采参多半都是一乡一村的乡里乡亲，三亲六故，几个人或更多人自愿结合而成的群体。人一多就要选一个有威望、见多识广、有丰富的采参经验的人做放山带头人，通常称作“举把头”。

整个采集过程中，老把头是放山群体的领袖，有至高无上的权威，一切行动都由老把头安排调遣，比如进山定路线、看方向、抓兆头、分工排棍、传经验、教方法，等等。如果人手比较多，还要推举一个有经验和组织能力的老放山人做把头的主要参谋和助手。老把头的意图常常由边棍具体执行。因此，边棍的权利和报酬仅次于老把头。

努尔哈赤结拜弟兄

周承武

在阿勒楚喀城东北，满族聚居的料甸满族乡丛家围子（也叫“丛家油坊”）的丛氏家族，是与满清先王清太祖努尔哈赤有八拜之交的开国元勋的后人。

那还是在明王朝时期，丛氏先祖同其他八个异姓兄弟一行九人，落难到东北吉林长白山一带，以放山维持生活。

相传，在明神宗万历元年，爱新觉罗·努尔哈赤被明朝辽东将领辽阳总兵李成梁追杀到长白山丛林里。正在上天无路，入地无门，几乎是死路绝方的时候，正巧同丛氏先祖等人相遇。年轻的小罕子（努尔哈赤年轻时的名字）在那虎狼出没、人迹罕至的荒山野岭中好不容易碰到人群，一下子有了活路，真是吉人天相啊。近前一看，原来是一伙平民百姓放山人。他便要求收留入伙，只要给口饭吃，干点儿啥都行。

当时，这伙放山人也正处境艰难。上山以来，一直不开山，棒槌挖得不多，卖几个钱勉强维持生存，再要收新人入伙，自然会增加新的累赘。但是，自古以来凡是“吃山”的人都有个规矩，不管在什么不利的情况下，穷也好，富也好，只要是在山里碰上有人要求入伙，就必须收留，有福同享，有罪同遭，以仁义为本，不许小看。况且，小罕子才是一个十四五岁的小孩子，破衣烂裳，境遇危难，言词恳切，管事的把头（九人中的首领）二话没说就把他留下了。

小罕子年龄虽小，却体格魁伟，性格谦和，人也十分聪明伶俐。把头看他年龄小，还是个孩子，也不会放山，就没让他和大伙儿一起上山，叫他留下看戗子（放山人在山上搭起的窝棚），烧火做饭。一晃几天过去了，一直没有开山，眼看就要支撑不下去了。这伙人每当回到戗子里都是唉声叹气，愁眉苦脸的。小罕子看在眼里，不解其中原因，心中倒有些纳闷。就问大伙儿说：“你们挖的那个棒槌是什么样子，能不能让我看看？”把头见问，就把挖到的棒槌拿给他看。小罕子接过棒槌仔仔细细地端详了老半天，突然像想起什么似的，惊喜地说：“哎呀！原来就是这玩意儿啊，我上山来的时候，路过前边北大沟，那里满山满沟都是呀！”听了小罕子这么一说，大家伙儿一下子都来了精神，把头也就按小罕子所指的方向去找。

大伙儿一边走一边找，不一会儿就来到了北大沟，一看果不其然，真是满沟全是开着红拉拉的参花，这回大家伙儿都乐颠颠地挖开了。这回可大开山了，没用几天就挖了不少，还真挖了许多多年的宝参,大伙儿别提多么开心了。大伙儿都说:“这是小罕子带来的财气、福气,看起来咱们哥几个真的时来运转了,按山礼山规咱们应当尊小罕子为把头呢!”

俗话说“啥事别出奇,出奇便生疑”。只因为小罕子发现了这么多的棒槌,就使这伙放山人的管事把头犯了忌讳。他想,我们八九个老跑山的,上山这么些日子也没见过这么多的棒槌,可是如今小罕子一到就挖到这么多的货,这人可非同小可,怕是有些来头。想到这,把头就对小罕子的身世进行了一番详细盘问,小罕子人小单纯,性格直爽,不会撒谎,就把如何在辽阳总兵李成梁家当奴才,因为什么又要把他押送到朝廷,又被谁相救,遭到一路追杀,被迫藏身深山之中的经过一五一十地述说了一遍。大伙儿听了小罕子的讲述之后,都感到惊奇,都说小罕子真是福大命大,老天照应,咱们大伙儿今后可得共同齐心保着他。谁知道,此时此刻由于妒忌和利欲熏心,把头心里倒有另一番打算。他想这回升官发财的机会到了,如果把小罕子捉拿了送给朝廷,换得个高官厚禄还不是易如反掌。于是他背地把他险恶的用心透露给丛氏先祖,企图得到同情和支持。丛氏先祖是一个讲礼义、重道德、心地善良的人,当时听了立即劝阻说:“咱们放山人还得以仁义为重,不要做那些伤天害理丧良心的勾当。”可是,把头早被利禄迷了心窍,他根本听不进去别人的话,还是一意孤行,非要把小罕子五花大绑,以朝廷钦犯的罪名加害于他。丛氏祖先一看劝说不听急了,就同把头打了起来,最后在其他几位异姓兄弟的帮助下,终于把这个丧尽天良的坏家伙处置了。

小罕子被丛氏祖先等人搭救了,自然是感激不尽,当即进行拜谢,并同丛氏先祖在内的八位放山弟兄,插草为香,结为八拜之交的生死兄弟。事后,哥几个收拾东西,背起棒槌下了长白山,直奔赫图阿拉(辽宁省新宾县老城),一路上卖掉了一些棒槌,换得了许多金银财宝。从此,他们便买房子置地,招兵买马,聚草存粮,开始了举事反明的准备工作。

几个生死弟兄越处越亲密,人手越聚越多,家业也越来越大了。罕子长大了,一表人才,聪明过人,智勇双全,骑射超群,成了一个有胆识有韬略的满族英雄。

后来,这几位弟兄一直保着罕子转战南北,东挡西杀,打下了天下。罕子称王坐了天下之后,没忘了这八位生死与共的磕头弟兄,个个都封了王。据说,这八位弟兄就是当时满族八旗子弟兵的首领。关于丛氏先祖与清太祖努尔哈赤是八拜之交,共同放山采参,共同打天下,建满清基业的传说一直流传至今。

天窟地根长白山　满族文化神山圣岳

施立学

长白山为王气所钟，襟三江，领三岗（老岭、龙岗、南岗），奇峰十六，名胜百二。崔巍磅礴，蜿蜒于亚细亚东北海隅，为一绝大名山。古人称其为东方乔岳，“东方万物之所始，山岳钟灵之所宅”。长白山藏天然之秘，孕万古之灵，山色纯白，终年积雪，远而望之若珠宫玉阁，近而视之，如瑶林琪树，乃萨满文化聚合之地。“天造皇清，发祥大东。山曰长白，江曰混同。”清乾隆四句诗，准确地描绘了满族与长白山松花江魂之所依，情之所钟的关系。长白山为东北亚制高点，中国满族文化发祥地。四千年来，长白山纵横捭阖，多姿多彩地演绎满族文化。天窟地根长白山，满族文化神山圣岳。

长白山瀑布

一、满族先世肃慎最早于虞舜崭露长白山

尽管考古证明，上溯 16 万年前，在吉林地域就有人类生活的遗迹。华夏系的燕人、汉族；东胡系的乌桓、鲜卑、室韦、契丹、蒙古、锡伯；秽貊系的秽人、貊人、夫亲、高句丽；肃慎系的挹娄、勿吉、韩揭、女真等满族四大族系，自古以来就在吉林大地繁衍生息。但是当你打开《中国历史地图集》，在商全图上赫然标注，3700 至 3100 年前，东北唯一一家人家在长白

山，那就是肃慎。作为商代远夷的肃慎，是与黄河中下游的商时周边方国如基方、謽方、人方、虎方、准夷及氐、羌、濮等同登早期中华民族历史舞台的方国。如果说此时吉林其他三大族系华夏、东胡、秽貊还仅仅停留于考古假说中，肃慎族系的先祖已鲜活地走进典籍，由长白山走进商朝。成书于战国的《山海经·大荒北经》记载：“大荒之中有山，名曰不成，有肃慎氏之国。”《竹书纪年》记载：“肃慎者，虞夏以来东北大国也，一名息慎，帝舜有虞氏”，“二十五年，息慎氏朝，贡弓矢”，到了周代，肃慎屡献“楛矢石砮”。大荒为满语，大约、大概或无边无际的意思。古人看长白山也只能看个大约、大概，今作东北方言，人们多用之（如“大荒数一数有多少件东西”），大荒山中的不咸山即今长白山。“肃慎”是满语，东夷的意思。肃慎族以乌、以谷、以马为图腾，所以“肃慎”又写为驌騻、驌驦或稷慎。肃慎是满族的先世建立的部落。肃慎人是我国东北地区最早见于记载的先民。周武王时，肃慎人曾经进献过一种贡品，叫楛矢石砮，“楛矢”是弓箭的箭杆，“石砮”是黑曜石的箭头。楛矢石砮是一种木箭杆、石头箭头的箭。《国语·鲁语下卷五》曾经讲过一个故事，那是中原陈国的春天，突然有一只凶猛的大隼被一根一尺多长的箭射落庭前。这是哪来的箭矢，这么锋利劲拔？陈湣公和他的臣将们都觉得这事蹊跷，就拿着隼和箭求教于周游列国、宣明教化来到陈国的孔夫子。于是孔夫子最早向天下人做了一个广告。他说：“这只鸟是从遥远的地方飞来的，鸟身上的楛矢是肃慎人造的。过去周武王灭商的时候，国势强大，四海属国都来朝贡，北方肃慎的贡品就是楛矢石砮。”面对长约一尺八寸似木非木、似石非石、似铁非铁的楛矢石砮，孔夫子对迷惑不解的陈湣公说，周武王的时候，周族的亲属分珠宝，诸侯们都得到了远方贡来的珍品。当时周武王就把楛矢石砮分配给陈国的女婿胡公，人们到金柜里一查，果然就找到了这礼品。陈湣公这才知道，在很早之前，在东北就有会制造楛矢石砮的肃慎人。古籍中说，肃慎人祖祖辈辈都居住在不咸山。肃慎国东濒大海，西接寇漫汗国，北到弱水，地域广袤。东面的大海是日本海，北及弱水是松花江，而西临的地方是扶余即分布在黑龙江下游西岸。《后汉书》中说：“肃慎土地极寒，常为穴居，以深为贵。”肃慎人住房子，是深挖的地洞，越富有的人家挖洞越深。至接九阶，要登九蹬梯子上下来去。肃慎人养猪食肉、衣皮。且用猪油涂身，用来御寒。人们都知道努尔哈赤，努尔哈赤在满语中就是“野猪皮”。野猪经常往松树上蹭，蹭了一身的松树油子，可以刀枪不入。楛矢石砮是什么材料做成的呢？在宁古塔东约1 000米的松花江边有榆树，榆树坠到江中，被浪花激荡，也不知过了多少年，石化了，人们用石化的林木做箭杆，用江中坚硬无比的黑曜石做箭头，木头的箭杆和石头的箭头融在一起就是楛矢石砮。在牡丹江畔有一个鹦歌岭，岭上能找到肃慎古城。肃慎曾因向西周王朝贡献楛矢石砮和大麈（俗称四不像）而名。楛矢石砮是满族文化的源头，是这个“以弓马定天下”的民族文化的象征物，亦是东北文化的标志物。楛矢石砮这支响箭，射透了历史，射穿了关于东北、关于长白山、关于肃慎的重重迷雾，使满族的祖先于东北最早，威赫赫崭落于历史屏幕。楛矢石砮作为东北文化的象征物，记录了东北民族早期活动的重要篇章，把一段悠远的、扑朔迷离的历史展示于前。

而后伴着自西向东的人口流动，辽宁医巫闾山野人组成一个东至大海、西接扶余、南接北沃沮（今珲春市）“独无法俗，最无纲纪”的野人集团，这就是写进《后汉书·东夷传》的挹娄族，取代了肃慎，又经魏晋勿吉、唐靺鞨、金女真、清满洲（今简称满族）的嬗变，在东北已有四千多年的历史。

二、西效长安，靺鞨人建的渤海国，就是半个大唐

公元698年，粟末靺鞨人大祚荣在今敦化敖东城建渤海国，号称震国。曾设5京、15府、62州、130县，占地5 000余里，人口300余万，历15代王，国祚凡229年，四易都城，即旧国（今敦化）—显州（今和龙西古城）—上京（今黑龙江省宁安县渤海镇）—东京（今珲春八连城）—上京，其中有三个都城在吉林省境内，长白山尽属其内。

终年积雪的长白山

渤海国留有大量的渤海文化遗迹，它们是至今谜一样的敦化江东、官地、海青房、腰甸子等4组24块石；六顶山渤海王族陵寝；贞惠公主墓；敖东古城遗址；和龙西龙头山贞孝公主墓碑；贞孝公主墓壁画和金银器以及渤海国32次出使日本、100余次朝贡长安，经桦甸苏密城和神州（今临江）走鸭绿江入海的朝贡路线。渤海国文化是今天开发开放长吉图国家战略的重要历史依据与文化参照。著名文化学者余秋雨先生在长白山文化发展论坛演讲中称渤海国：“中国辉煌时，你是半个大唐。”开辟渤海国文化旅游路线，游客可体验在吉林大地上演绎的大唐文化风情。

三、天女浴躬奠定长白山为龙兴之地

在清一代，满洲人对长白山的崇仰可谓登峰造极，并进一步把族源与长白山联系在一起。崇德元年(1636)修纂的《太祖武皇帝实录》最早记载了“长白山之东北布库里山下”佛库伦吞神乌所遗朱果而生布库里雍顺的神话，以此向人们昭示皇权天授的神圣性，与“天命玄鸟，降而生商”的神话有异曲同工之妙。长白山圆池即天女浴躬池，三天女佛库伦，吞朱果而成孕，生下爱新觉罗家族始祖布库里雍顺的美丽神话，可谓长白山魂。在距长白山天文峰东30.4千米的西北侧，银堆玉砌一般的白头山群峰之中，有一红色的布库里山，把那雄伟壮观的白头山浑映得更加绚丽多彩。山下有一个“池浑而圆”，形如荷盖的圆池，是一个小火山湖，直径180米。水清而浅，水草丰盛，鸟儿戏水，鱼儿遨游，中央冬无冰，夏无萍，无水流注入，也无溢口，池中泉涌如柱。池四周多松，参天蔽日，池畔芳草萋萋，更有雨燕穿天，白鹤相戏，不失为人间仙境。相传这里是三天女降浴的地方，三天女中的三妹佛库仑浴后吞果受孕，生一男孩，相貌异常，生而能言，名叫布库里雍顺，被尊为大清皇帝爱新觉罗家族的祖先。布库里雍顺乘槎顺江而下，平定三姓之乱，所至鄂多哩城，其城址史有二说，一说依兰五国城，一说敦化敖东城。近年有关专家学者考证，应为俄莫惠平原上的龙井罕王山城。清光绪三十四年，奉天候补知县刘建封曾寻览至圆池，为使人人得瞻，在池边立“天女浴躬处”石碑一座，故得名“天女浴躬池”。长白山天女浴躬池是长白山之魂，是长白山被称作清龙兴之地之所在，是长白山文化博大精深、神秘、神奇的象征。建议在登长白山、游天池的同时，应重点开放天女浴躬池，与长白山天池相得益彰，相互媲美，向游人展示自然与人文的长白山。

康熙十六年(1677)，大臣觉罗武默纳、费耀色等奉命拜谒长白山，逆松花江而上溯源满洲故地讷段即今抚松县境内漫江，为松花江上源，为明末建州女真长白山三部之讷殷部，艰险登临天池，撰有《祭告长白山文》，称颂“仰缅列祖龙兴，实基此地”。这次拜谒活动历时两个月，回京复命后，康熙下了一道圣谕：“长白山发祥重地，奇迹甚多，山灵宜加封号，永著祀典。以昭国家茂膺神贶之意。著礼部合同内阁，详议以闻。长白山系本朝发祥之地，祀典从崇，但民舍辽远，不便建庙，议封长白山神，每年遣使致祭。”十一月，礼部建议：请求册封长白山为“长白山之神”，在山上设帐立碑，每年春秋二祭(望祭、叩祭)。康熙批准了这个建议，从此形成了祭祀长白山的制度。第二年春，武默纳再上长白山，赍敕封长白山之神，祀典与祭祀五岳等同。

四、祀典如五岳，博大了长白山文化

长白山为中国的十大名山。过去我曾经写歌《大荒长白山》赞美其：“天地之苍苍，岁月之茫茫，苍茫茫有山隆东北，雄姿帅五岳，气势吞八方，中国满族发祥地，一个传说淌三江……”长白山神奇、博大,似为天外之山,古往今来计有二十多种称呼。第一称呼叫不咸山,意为有神之不咸山,并非满语称呼,源出阿尔泰语系,满——通古斯语族的“萨满”一语汇,汉译为“雅达干”。我国东北地区的古老民族大都信奉萨满教,满语称其为“叉玛”,蒙古语称其为“博”,古人称女萨满为“巫”,男萨满为“觋”。肃慎人称长白山为不咸山,源于对自然界的崇拜与敬畏。长白山汉代称单单大岭,这里的“单单”二字,与满语中的珊延相近。珊延即白色的意思,珊延大岭即白色的大山。北魏称“盖马大山”,魏称“徙太山”,或“徒太山”,“徙”或“徒”为容易读错的字,这里真的将错就错了。《魏书·列传第八十八》载:“勿吉国南有徒太山……有虎豹熊狼不害人,人不得山上溲污,行径山者,皆以物盛去”。《北史·列传·勿吉》篇中又有记载与此相似。这是满族先世把长白山披上神秘面纱进行崇拜的最早文字记录。南北朝称“从太山”,隋唐称“太白山”,《唐书·东夷列传》记载:“靺鞨居肃慎地,粟末部最南抵太白山,亦曰徙太山,与高丽接。”可见,当时对长白山的称呼极不统一,有的叫纵太山,有的叫徙太山、纵白山、太皇山不等。粟末靺鞨建立的渤海国早期疆域大部分在长白山地区,其“旧国”即今吉林敦化。满族说部《红罗女》流传千载,是渤海文化遗存,傅英仁传讲本中称长白山“坐落在渤海国中部,她是一座圣山。在太白顶上,有一位出世真人,是满族崇拜的祖先神——白山圣母”。金女真人定名长白山,长白山满语为“果勒敏珊延阿林”,又有白头山之名,既有国人惯称,也有他国人替代的一面。长白山的神奇主要表现为长白山与龙文化、天文化、海文化联系在一起,如周之兴于岐山,辽之兴于木叶,满族以长白山为兴王之地。

建立辽和金王朝的契丹族和女真族兴起后,对于东北的第一座高山,出现了统一的称呼——长白山。《契丹国志》中记载曰:“长白山在冷山东南千余里……禽兽皆白。”

取代契丹建立金王朝的女真族(即现今满族的祖先)兴起以后,把长白山视为发祥地,对其四时祭祀以求保佑国运昌隆,帝祚永延,尊其为“东岳长白山”。金世宗完颜雍于大定十二年(1172)册封长白山为兴国灵应王,命翰林院修撰党怀英修撰《封长白山为灵应王册文》:“自两仪剖析,山岳神秀各钟于其分野。国将兴者,天实作之。对越神休,必以祀事。故肇基王迹,有若岐阳,望秩山川,于稽虞典。厥惟长白,载我金德,仰止其高,实惟我旧邦之镇……列圣蕃衍炽昌,迄于太祖,神武征应,无敌于天下,爰怍神主。”概述金兴以来迄于完颜阿骨打之武功,认定长白山为“兴王之地”,“礼合尊崇,议封爵,建庙宇”。文中把长白山称为神山秀岳,用“载我金德”“仰止其高”等最高的赞语来形容它,可见对这座塞外名山的崇仰恭敬。因此皇帝又于大定十五年(1175)在长白山北建立灵应王神庙,命大臣持节备礼并带着这份册文前去祭奠。金章宗明昌四年(1193)又封长白山为“开天弘圣帝”。山神由王及帝,成为诸岳中最高品秩,自此每岁降香,命有司春秋二仲择日致祭,并有祭文。

康熙二十一年(1682),康熙东巡到吉林时,在松花江畔对长白山举行望祭。此后,每年春秋两季由将军、副都统率领官员在小白山望祭殿代表皇帝对长白山举行望祭。翌年,康熙帝“诏封长白山神，秩祀五岳”，后又撰文称“泰山之龙，发脉长白”，把长白山的地位推向新的高度，长白山崇拜的表现形式随满洲民族一起跃升历史舞台中央，进入中国历代皇帝的封禅礼制序列并居首位。清圣祖东巡吉林，率太子、诸王和群臣“诣松花江岸，东南向，望秩长白山，行三跪九叩头礼，以系祖宗龙兴之地”。

康熙皇帝“敕封长白山之神礼典如五岳”，“应高于五岳，与五岳同祭”，康熙有《望祀长白山》的诗和《祭告长白山文》两篇。康熙诗曰：“名山钟神秀，二水发真源。翠靄笼天窟，红云拥地根。千秋兆佳启，一代奠仪尊。翘首瞻晴昊，岧峣逼帝阍。”康熙文曰：“惟神杰峙东，维协扶景运。疏江汇海，荐瑞凝祥。著灵异于万年，溥蕃滋于庶类。”“朕惟国家受命凝庥，则山川百神罔不协瑞。矧溯兴亡之迹，推翊运之祥，允宜肇与明，诞加显号。盖自天作高山，形于歌颂，其来旧矣。惟神秀结东陲，泽均厚载，浚发三江之脉，广延千里之区，极敷云泄雨之奇，宏济物利民之用，神山异迹莫有与京。”据说康熙曾使人越海探究长白山与泰山的联系，称长白山为龙首，曾撰文说：“但言华山为虎，泰山为龙，地理家亦云：泰山特起东方，张左右翼为障。总未根究泰山之龙于何处发脉，朕细考形势，深究地络，遣人航海测量，知泰山实发于长白山也。长白山蜿蜒面南，磅礴起顿，峦岭重叠，至金州旅顺口之铁山，而龙脊时伏时现，海中皇城、鼍矶诸岛，皆其发露处也。接而为山东登州之福山、丹崖山，海中伏龙于是乎陆起。西南行八百余里，结而为泰山、长白山之间穹崇盘屈为五岳首。”

雍正十一年(1733)，遵旨在吉林市西南温德亨山(小白山)建望祭殿，殿内神案立满汉双文“长白山之神”位，山麓建祭器楼，山下建鹿囿以供牺牲，朔望由吉林将军、副都统轮流拈香致祭。乾隆十九年(1754)清高宗亲临小白山，在望祭殿中祭祀长白山，并下令封禁长白山，保护发祥之圣山。

嗣后诸帝未到吉林，但也由吉林将军代为“岁时致祭，崇报特隆”。乾隆皇帝当年东巡到吉林小白山，他们虽然没有登到长白山天池之畔，瞻仰其祖先的诞生之地，但有的已经到了周边地区(吉林市的大、小船厂、开原威远堡等地)。而且，还写了大量的咏赞和祭告长白山的诗文。乾隆有《祭告长白山文》五篇，乾隆所写的祭告文章：“奥我清初，肇长白山。扶虞昕锤，不显不灵。周八十里，潭日闼门。鸭绿、混同、爱滹三水出焉。帝用女天妹，朱电磁波是吞。爰生圣子帝用锡以姓曰觉罗，而徽其称曰爱新。是翦是除，匪安匪康，乃有叶赫、辉发、界藩……”

嘉庆有《长白山告祭祝文》两篇，写得有声有色，叹为观止。直到清末，安图县刘建封还向朝廷上折奏请曰：“长白山为我大清发祥之地，天生圣人，削平区域于万斯年。”因此他建议上山重修神庙，以供奉长白山之神。经朝廷批准，这位知县组织人马四次登山察视，并摄下长白山名胜之地的照片四十余张，归后编成《长白山灵迹全影》影集，呈奏于朝廷。

1999年8月19日，著名“红学”家陈景河先生在长白山主峰天池西北15米处发现了金朝用于祭祀长白山的皇家祭坛，规模宏大，为现今我国境内发现的古代祭坛之最。一块女真文字碑出土于长白山天池北钓鳌台上，这块古碑初步认定是金代祭长白山神所刻记的，文字为女真文字“长白山神”。2008年5月，在长白山西坡发现的“大荒顶子”祭坛遗址，经有关专家考证，为女真及其先人望祭长白山的萨满祭祀遗址。此遗址与通化二密努尔哈赤长白山望祭台、吉林小白山望祭殿恰成三角祭长白山之势。元明之际，女真各部，卫所林立，不相统属，对长白山的国家奉祀中止，然而女真人仍保持了长白山崇拜，朝鲜《新增东国舆地胜览》编成于1530年，其中记女真人对长白山“奉之为神山”。

五、东北柳条边既保护了龙脉又保护了长白山生态文化

东北柳条边是清初顺治年间（1644—1661）为保护清朝发祥重地，为防止满族“废骑射以效汉俗”，为保护东北特产资源而以修壕插柳的方式修筑的东北绿色篱笆，亦称东北绿色长城。清乾隆有柳边诗说，“征战纵图进，根本亦须防”，遂于清顺治年间开始修筑柳条边。柳条边“西接长城东属海”，在辽宁和吉林形如一个大写的“人”字。一足在辽宁东港市窟窿山，一足在山海关附近的辽宁绥中鸣水堂，两足交叉于开原威远堡边门后，经四平布尔图库苏巴尔罕边门（四平半拉山门）、赫尔苏边门、伊通边门而至舒兰法特哈边门，当时是通往伯都纳、黑龙江的要道。全柳边总长285里，边门20座，边台168米。吉林段柳条边修筑于1670—1681年（康熙二十年始），全边长690里，边门4座，边台28米。其中伊通边门，在新立城水库下游伊通河故道西侧，南距乐山镇25里。柳条边出边门东北行，过新立城乡靠边王、靠边孙，幸福乡靠边吴，南折净月边沿子屯、西边屯、三道乡岗子村后台屯、四合村南盛家岗子之后，进入九台放牛沟乡人家屯村北。如今九台得名于柳条边东数第九个边台。柳条边自东向西由舒兰过松花江西行，为九台三台乡三台村，上河湾四台村、五台村，六台乡六台村，城子街镇七台村，苇子沟乡腰八台、九台镇，放牛沟乡荆家村饮马河台屯，腰站村二台屯。柳条边在九台境内全长262里，有边台9座，多为水陆交通之要冲，全九台因边而名的乡镇、村屯有45处之多。

柳条边200余年封禁，创造了特有的柳边文化，如不许汉人进入，满洲旗人也不许自由进入，紧要隘口皆安设卡伦（满语“岗哨”），或设立封堆，以监视或阻挡汉人及蒙古人进入。今在伊通县西苇乡有封堆遗迹，在九台有卡伦镇即源于此。柳条边到咸丰十年（1862）完全开放，伊通满族自治县当时在边里，长春府在边外，边里儿童游戏，有《学骑马》歌谣唱道：“驾，驾，骑马上边外，去时带萝卜，回来换白菜。”因为有柳条边的封禁，出入柳边，须持有关部门发给的印票，从指定边门验票出入，否则以私入禁地论罪，如雇人偷刨人参，不分旗民，俱发云南等省充军。今天，我们应从历史的生态的眼光重新定位与评价柳条边的设置，柳条边200余年的封禁，成功地保护了吉林境域包括长白山在内的蓬勃生态。可以说没有这200余年的封禁，就没有吉林今天的生态大省。

六、满族人情怀缱绻的“超哈章京”(长白山神)

在长白山区,至今尚存的金代女真族祭天祭祖遗址,以及与满族“三天女生布库里雍顺”美妙传说相印证的“天女躬浴池”(即所谓“小天池”或“圆池”)等,生动而确切地说明了,一代又一代的满族祖先,是怎样地景仰着这座在东北亚地区独钟天地灵秀的“果勒敏珊延阿林”。长白山,满族人心目中的圣山,是他们的发祥地。古时天然环境未遭损坏,长白山周围为千里林莽覆盖,外人极难进入,唯有经验丰富的满族老猎户才能找到前往天池的途径。满族人民自古狩猎、采药、捕鱼、采珍珠都依附于长白山,逐渐产生对长白山的信奉与崇敬。在满族人民信仰的萨满教中不仅将长白山视为世界众神的栖居之所,同时也是本民族祖先的发祥地,以及死后灵魂的归宿地,是货真价实的民族精力源头。满族民居通常把供奉祖先的神板设在自家室内的西墙上,室以西炕为尊位,只许年长辈高的老人就座,其目的就是让神板上的祖先神位与长辈时刻面向东方的长白山。时刻瞻仰民族圣地的光辉。在满族家族祭祀中,全氏族的男女老少都要穿上最新的衣服,尤其是妇女们身着彩旗袍,头戴“答拉赤”,足登“花盆底”,显得既美观又庄重。在族长的带领下人们要杀猪祈福,由家族中的神职人员“萨满”唱诵魂归长白山的历代祖先功绩。到了夜幕降临时分,萨满要头戴铜制神帽,身披五彩丝线装饰的神袍,下套神裙,腰扎36对铁铃,手持白色神鼓,祭祀长白山神,长白山神被称为“超哈章京”,不仅是主管东方的大神,同时也是主管国家命运军事胜败的战神,是必须祭祀的主要神灵之一。祭祀长白山神时萨满要高举金叉伴随每小节3次全音符的鼓点跳战神舞。祭祀长白山神的同时还要祭祀火龙神,萨满凭借毅力与勇气赤手抓起烧红的铁索凌空挥舞,顿时火光绚丽,以显示长白山3次火山喷发的壮观历史,“恭祀天子之神,白山神祖(白山祖先神之首领掇哈占爷),子孙娘娘(满族始祖佛多妈妈,亦称佛莫西妈妈),设宴备贡敬请诸神祇,辞去旧月迎新月……”满族歌谣与童谣亦唱:“白头山,万丈高,四时积雪永不消。前清发祥地,储藏万宗宝。满洲人,兴起早,勤劳勇敢数得着。松花江两岸人不苦,阿拉楚喀百姓多幸福。”祭祀之后人们还要表演“盛洪舞”,大家有的扮作猎人,有的扮作野兽。表演的内容主要反映满族祖先在长白山林中行围狩猎勇斗猛兽的景象。传说满族七位小阿哥为战胜野人,在长白圣母的帮助下,化作七盏灯,把野人照成瞎子,后来七盏灯升上天宇,成为七颗星,岁时祭祀。对北斗的崇拜,反映了渔猎民族的信仰特征。背灯祭的时候要点七盏油灯、供七个香碟、七瓶烧酒、七摞黄面饽饽。祭祀词都是满语,祭词里面说:“旧月已过换新月,卜定吉日良辰,今日夜晚在七星斗下,高桌摆供,神祖护佑,温和善良、平安、吉顺。老者开明,幼者平安。”这些祈祷之词表达了满族人对长白山、对七星崇拜的良好祝愿。

长白山自古是人参等高档药材的产地,满族先民经营药材生意历史悠久,每年秋季农历八月十五前后,长白山下以养殖人参为业的满族农民都要挑出一年中存放的品质最优的人参给邻里亲友观看，并请客吃饭，这一风俗称为“庆开山”，为的是庆祝长白山神的慷慨恩赐。近年来，每年春季或秋季都有满族的民间团体陆续前往长白山祭祖览圣。2007年起经吉林省白山市筹备，在长白山下建立了长白山满族文化博物馆，面向海内外游客开放，弘扬博大精深的满族文化。这一切使现代文化与古代文化以长白山为核心连为一体，已成为长白山的一系列人文景观。

许多年来，无论是在东北还是关内，满族人习惯上多是要打听对方祖上隶属那个固山(旗)那个哈拉(家族姓氏)，“您的祖上来自长白山的哪道沟?”他们自己，当然是个个都能非常肯定地报出来自“长白山二道沟”或者是“长白山五道沟”。这种问询方式，是满族先民们的一项传统，深深地浸透着迁徙到各地的满族同胞对长白山这一神圣故土经久不灭的眷恋之情。“长白山情结”可以说是萦绕于满族人民心头的情结，满族萨满神歌唱出了吉林长白山石克忒里氏家族史：“头辈太爷，舒崇阿玛法(元祖)留下，从始至终，在长白山，在三个山峰之上，从三道河到松花江，三条船与三棵树，在树枝上，由大瀑布下来，大瞒尼依附……”满族儿童歌谣亦唱满族与长白山：“一块砖，两块砖，老罕王兴起在长白山……”

著名满族文化学者关纪新在检读和研讨清代满族作家诗文作品的时候，也每每与这种“长白山情结”不期而遇。清代，满洲旗人中间涌现出了不下五六百位诗文作家，他们的艺术成就，达到了时代的高度，为后世留下了极为宏富的文学遗产。而这些作家中，有相当多的一些人，总是在署名时，于自己的名字前面，习惯地缀上“长白”二字，这说明，清代满族的文化人，从来就将故土长白山铭刻心头，将自身认作是长白山的血脉，将自己的作品认作是长白山文化传统的赐予和延续。在清一代，八旗文人曾把旗族文学中的诗词创作辑成了几部作品总集。在题目上冠以“白山”二字的，就有4部。它们是：雍正年间由伊福纳编纂的《白山诗钞》40条卷；乾隆初年由卓其图编纂的《自山诗存》(卷数待考)；乾隆、嘉庆之际由铁保编纂的《白山诗介》10卷；光绪、宣统之际由杨钟羲编纂的《白山词介》5卷。从这些汇辑旗族文学之大成的诗词集，均用“白山”来冠名的现象，我们似乎能够得到这样一点启发：如果把清代满族文学泛称为“白山文学流派”，也是不无理由的。这里所说的“白山文学流派”，其实早已不仅仅是长白山地区的文学了，它是长白山的子孙们——遍布全国各地的清代满族共有文学。

七、长白山满族文化对东北地名及方言土语产生重大影响

因长白山博大精深的满族文化而影响了东北千万满语地名，状如白天鹅的东北地域，由长白山、大兴安岭、医巫闾山和千山等山脉画出了轮廓，松花江、乌苏里江、黑龙江、牡丹江、嫩江、镜泊湖、兴凯湖和辽河穿行或镶嵌其间。这些山川得名无不浸染着满族文化印痕。因一山而有三江，长白山天池，满语“图们泊”，汉译“万水之源”，三江皆因满语得名。松花江名“松阿里乌拉”，汉译为“天河”；图们江满语“统们”“土们”“驰满”“豆满色禽”，汉

译为“万水之源”;鸭绿江女真语“鸭绿(雅鲁)江”,汉译“雅鲁鱼”,即雅鲁鱼较多的江;海兰江满语“海浪乌拉”,汉译“生长榆树之江”;布尔哈通河满语“卜尔忽秃毕拉”,汉译“因河流地处柳丛间而烟气缭绕”;小白山满语“温德赫阿林”,汉译“祭祀”之意,即望祭长白山神的山。

吉林主要大城市也以满语为名,如长春,满语“春捺钹”,汉译“鸭子河泊”,女真语“茶河冲”,汉译“滴血酒祭天”之意,是女真人出猎前的一种野祭形式;吉林,满语“吉林乌拉”,即“沿江之城”;四平,满语“细直”,汉译为“柔而细的河流”。

吉林许多山川村落或由肃慎族系初辟,或在挹娄、勿吉、靺鞨、女真、满洲时代得名,时至今日,仍保存其满语地名,它或是动物、植物、药物或风物的一种,或是一种地理与气候现象。它折射了东北丰饶的特产,反映了满族农耕和渔猎过程,是研究东北满族与地域文化不可或缺的资源。

千百年来,满族与汉族及其他民族在交往中互相借鉴和吸收语言词汇,如今在吉林,除众多的满语地名外,满语日常词汇随处可见,有的直接融入东北方言,如称谓词格格(姑娘)、飞龙(树鸡)、嘎拉哈(猪、牛、羊或骆驼前膑骨)、哈拉巴(猪前肘)、勃罗盖(膝盖)、脖嘎拉(小孩围嘴)、哈拉子(口水)、橛子(木桩)、山花子(房山墙)、蚂螂(蜻蜓)、崴子(山水弯曲处);有行为词:拉扯(养活)、曲曲话(耳语)、咧咧(乱说乱讲)、秃鲁(不兑诺言)、捅娄子(惹事)、扎古(治疗)、起哈子(闹事)、嘎对(结合)、沾包儿(惹祸)、将居(下象棋)、巴达(吃饭)、扒叉(批评)等;有状态词哈拉(肉类变质)、翁洞(瓜类变质)、夹信子(窄)、门斯克(没主意)、甩计子(不高兴)、拉忽(粗心)、腻歪(不耐烦)、不大离儿(好)、麻流(快)、埋汰(脏)、鼠迷(无话可说)、兀突(不冷不热)、特勒(不整洁)、虎拉巴(没料到)、喇察(泼辣)、撇拉(不规则)。

简短结论

天窟地根的长白山,确定为满族文化神山大岳意义有二:一是恢复了作为东北亚制高点,中华十大名山的历史本来面貌。满族文化辉煌了长白山,不只是百年、千年,《尚书·贿肃慎之命·序》《山海经》《竹书纪年》《国语·鲁语下》等典籍异常眩目,世居长白山的满族先世肃慎氏早于商周的帝舜有虞氏时,就以“贡弓矢”威赫赫登上中华历史舞台,周天子大会天下群臣,肃慎人以其方位坐大吁东北角,西周将肃慎与燕同列为周之北土。从战国到晋,肃慎屡见于史册,东汉臣附属夫余,魏晋朝贡于中国。勿吉靺鞨臣附于北朝、隋、唐,渤海是臣附于唐的地方政权。而后金于清兴起。恢复长白山满族文化历史本来面貌,是对后人的一个交代。尽管黄帝时在东北曾有红山文化,商有燕赵文化及其后的秦汉文化,但均与广义与狭义的长白山文化无涉。长白山历史悠久,满族文化内涵博大精深,满族文化之于长白山直如神山圣岳，铸就了万世不移的辉煌，正如著名文化学者、德高望重的谷长春先生所说，“世居吉林的少数民族以他们与中原文化相异的文化个性丰富了中华文化的内涵。既不能把中原文化在吉林的传播看成是移民文化，也不能因为有的民族其个性已经弱化而忽略他们在历史上对地域文化的贡献。”二是弘扬长白山满族文化，建设与保护生态长白山意义十分重大。崇尚与利用长白山生态意识，如高悬的明镜一般，照耀我们应该怎样去保护和开发长白山。无论是起于开原威远堡，止于舒兰法特哈边门的东北柳条边新边近300年封禁，还是金、清王朝祀典或吉林小白山望祭殿的望祭，都告诉人们，长白山是满族的发源地，满族人创造保护了长白山的成功经验，那就是对天地、对长白山的敬畏意识。最近有专家提出，长白山不仅资源博大，而且长白山气候直接影响整个吉林黄金玉米带及旱涝均无大碍的吉林生态环境，明眸一样保护和利用长白山，保护这“全世界最稀缺的生态天堂”(余秋雨语)，不因每一次开发建设失去长白山一草一木、一个物种、一道景观、一块绿地，就是弘扬了长白山满族文化精神。对于创建吉林生态大省，振兴吉林经济，让长白山福荫中华民族子孙万代，功莫大焉。

作者简介

施立学，满族，编审。1982年毕业于四平师范学院。中国民俗学会理事，吉林省民俗学会理事长，长春满族颁金庆典组委会会长。吉林省政协常委、民宗委副主任，省政府文史馆员。东北师范大学、吉林师范大学、长春大学特聘教授。吉林艺术学院满族与东北地域文化研究生导师。主要著作有：《故国神游》《万国揽胜》《醉情山水》《关东故事学》《关东岁时风俗论》《中华童谣》《精品寓言百篇》《东北地名与东北文化》等。责编《中国民间故事集成·吉林卷》《中国歌谣集成·吉林卷》。主编《中国民俗大系·吉林卷》等。曾获文化部、国家民委、国家艺术科学规划领导小组、中国民间文艺家协会等先进工作者奖和艺术成果一等奖，长春市委、市政府立功建业优秀人士，吉林省人民政府民族团结进步先进个人称号。

金世宗封山与康熙帝祭山

关伯阳

从女真到满族,族人始终保持着敬山祭山的传说,不但民间敬山祭山,就连皇帝也都隆重地封山祭山,现举两例。

金世宗是金朝的第五位皇帝,他是在北国长大的,金上京会宁府(黑龙江阿城)是金世宗童年时的故园。金源这片山林和土地,是养育他的大地母亲,也是养育他筋骨和逸趣的青春摇篮。他曾经在北国熹微的晨光中读书习武,在月上柳梢时习字诵读,撷天地之灵秀,采日月之精华,对这片把他滋养大的山林土地充满了爱恋之情。

金世宗当上皇帝后,坐位中都(今北京)。他在位期间,女真人形成了一种汉化的潮流。特别令他忧虑的是,宫廷之内皇室子孙因受到中原风气的熏染,加上深受中原王朝典章制度和儒家经典的教育,在儿孙两辈中绝大多数人不认识女真字,不会讲女真语,骑马射箭的水平大大降低,已失去女真人能射善骑的传统和能征善战的本事。有一年,金世宗过生日,南宋遣使来贺,按照旧例,宴请时要与宋使比射箭,灭宋的锐气,长自己的威风。可是令人没想到的是,金朝从侍卫中选的射箭能手只中了七箭,而宋使却中了五十箭,这次比箭,金人大失颜面,使金世宗看到了问题的严重性。为了恢复女真祖上创业时勇悍拼搏能骑善射的传统,他除了命令子孙们必须学女真语外,决定带领宗室大臣东巡,回到上京老家去体察那里仍然保存的女真纯朴民风。

金世宗故地重游,感慨良多。他拜谒祖庙,到童年经常戏耍的河流按出虎水(今阿什河)中游泳,拜谒朝日殿和夕月庙,到博野淀驰马,在临潢亭观鹰。他眺望连绵的大青山和滔滔的按出虎水,让朴实而熟悉的桑梓之风沁入他的脾肺,重温渴望已久的儿时甘甜的记忆。

大定十二年,金世宗采纳大臣"长白山乃兴王之地,礼合尊崇,当封爵建庙"的建言,敕令封长白山为"兴国应灵王",并且在长白山北麓修建长白山神庙,确定了对长白山的封册仪物,并完成了对长白山的祭祀礼仪,规格与中原历代皇帝祭泰岱庙相同。

大定二十五年,金世宗采纳大臣"昔太祖征辽,策马径渡,江神助顺,灵应昭昔,宜修祠宇,加赐封爵"的建言,封混同江(松花江)为兴国应圣公,祭祀礼仪与长白山相同,直到清朝的皇帝,仍然继承着女真先祖敬山封山祭山的传统。女真族和满族都认为,长白山是隆兴之地，所以祭祀长白山的活动不可废。特别是清朝，认为只有祭长白山，龙业才能兴盛，长白山是我祖神脉，当以神视之。

康熙皇帝为此写了一首《望祀长白山》诗：

名山钟灵秀，二水发真源。翠霭笼天窟，红云拥地根。
千秋佳北启，一代典仪尊。翘首瞻晴昊，岧峣逼帝阍。

清代大文人高士奇也作了一首诗来与康熙帝唱和：

神区当紫极，毓秀敞殊宫。典祀云亭外，灵祇陟降中。
黑河流不尽，清海气遥通。封禅宁劳颂，升歆拜舞同。

平息三藩之乱后，康熙大帝踌躇满志，决定东巡拜谒祖陵、祭拜长白山，这一年康熙帝才二十九岁。祭长白山的队伍走到吉林市附近，由于雨大路泞便中止了前往长白山祭拜的计划，在吉林市西郊的一个山头举行了象征性的祭拜仪式，并称这个山头为小白山，以后皇帝祭拜长白山仪式，也多在小白山举行。

女真族的动物崇拜

齐　心　王德恒
图像恢复设计:思　文

“金源文化”提出二十周年,硕果累累,社会效益和文化效益俱丰。从深度上也从广度上开辟了断代史和地方史结合研究的典范,在这种研究的启发下,我们从一个比较小但在现实中又影响很大的课题入手,作了女真族动物崇拜方面的梳理,以就教于诸位方家。

小　序

动物崇拜是人类的自然崇拜之一。以动物或幻想中的动物作为崇拜对象,这是狩猎时期原始人群社会意识的一种反映。在那个时期,原始人的生活依赖动物,因而祈求所依赖的动物的支持,以满足生活的需要。又因为原始人还没有把自己跟动物区分开来,故认为动物和人一样有思想,有感情,有灵魂。原始人为了维持生活的需要而捕杀动物,但又怕动物灵魂予以报复,所以对动物进行膜拜,以求得到宽恕。还因为原始人在动物面前常感到不及和软弱无力,对动物有敬畏感,从而产生动物崇拜。

根据考古发现,世界上所有的原始部族几乎都有过动物崇拜。例如,在位于法国南部

的德鲁瓦·弗雷尔山旧石器时代遗址洞穴里,发现了半人半兽形状的"兽主"像、洞熊像;小亚细亚的萨勒特·许余克新石器时代遗址里,也发现了七千年前的原始祭台及壁画中的雄牛和兀鹰。中国古代也曾经盛行过动物崇拜。在《山海经》里,所有的神灵,无论是历史传说人物或各地区的神灵,都被描写成与动物有关。

这是所有民族都有的一个历史阶段,有的发展成为族徽,最后发展成为图腾崇拜。有的停留在萨满教的水平,延续千年。

当然,对于"图腾"和"图腾崇拜"两个外来词还存在着很大争议。其中有两种倾向值得注意,一种是泛图腾主义:大凡在古代神话传说和今天的民俗中见到动物、植物、星象等,都要看成是古人的图腾崇拜对象。另一种是反图腾说:认为这个词只能适用于它的原产地——美洲印第安原始文化，不能像标签一样随意套用在其他文化中。笔者以为，这两种倾向都有失偏颇。图腾是随着西学东渐而传入我国的人类学术语。近一个世纪以来已经成为历史文化研究中的常见词。其中有相当大一部分是泛图腾主义的贡献，特别是被滥用在文学作品中（代表作为《狼图腾》），引起严谨学人的反感，在所难免。

从学术的角度看，需注意的是，区分一般的自然崇拜和图腾崇拜：自然崇拜指对自然物的神圣化，把动物、植物等视为神明。而图腾崇拜也同样要圣化某些自然物，但是该动物或植物还必须被看成和自己的氏族或族群具有血缘的或者亲缘的关系，被直接认同为自己族群的先祖（或者先祖之化身）。诸如印第安人的狼氏族和熊氏族、龟氏族等，一目了然。我们中国人通常习惯说自己是“龙的传人”，但莫须有的动物龙是不是华夏族的祖先图腾呢？随着出土文物越来越多，证明起来反而头绪过于纷繁，难以得出统一的认识。比如真的以龙为图腾作为华夏民族的始祖，那么华夏始祖的诞生则在中国的极北，有熊氏的黄帝，只能产生在红山文化中。这显然和流传已久的传统文化相悖。而在实际的考古调查、文献记载和民俗文化中，北方民族只停留在动物崇拜的水准上，既没有发展为族徽，也没有上升为图腾崇拜。

女真族的动物崇拜无疑属于后一种。但是，女真族的动物崇拜其绵延时间最为长久，文化意义也最为复杂，乃至现今的社会余波尚在，甚至有蔓延的势头，如在东北乃至华北民间兴起的“开堂子”，当代萨满等，都是女真动物崇拜的余绪。

一、女真动物崇拜的发轫——熊崇拜

话说的远一点。女真的动物崇拜是整个黄色人种动物崇拜中的一种。这种崇拜的发生可以追溯至四万年左右，即黄色人种形成的年代。

2013 年 1 月 21 日，美国科学院院刊（PNAS）发表了一篇题为《对出自中国田园洞的早期现代人所做的 DNA 分析》的文章，给出了对该洞穴出土的生活在四万年前的一个人类个体所做的 DNA 提取与分析结果。基本结论是：这具人骨携带着少量古老型人类——尼安德特人的 DNA，但更多表现的是早期现代人的基因特征，且与当今亚洲人和美洲土著人（蒙古人种）有着密切的血缘关系，而与现代欧洲人（欧罗巴人种）的祖先在遗传上已经分开，分属不同的人群。该项研究从分子生物学角度辨识出了现代亚洲人群直接祖先群体中的一个成员，是一项重大的研究突破。这次针对田园洞人的 DNA 分析样品取自该个体的一块腿骨，由中国科学院古脊椎动物与古人类研究所和德国马普进化人类研究所共同建设的古 DNA 实验室完成。样品前处理和 DNA 提取、扩增工作在中国进行，测序和分析工作在德国完成，并在美国科学院复检认证。

这次的科学成果的得出对古人类学来说，几乎相当于一次地震，将近两百年的关于智人起源的和人种分类的传统观念都被打破了，并且具有极其重要的文化人类学方面的意义。以往认为人种的地缘分化，皮肤变色是因为地缘的不同或者日照的不同而引起的分化，是不准确的。人种的分化的根本原因在于基因突变，在于人群之间的基因碰撞。从肤色上来说，黄色人种是智人和尼安德特人的基因结合所造成的。黑色人种是智人的原生人种。白色人种是白化病在迁徙过程中白化病基因扩散定型的结果。

而在文化上，黄色人种无疑是动物崇拜区域，包括从东北亚至北美洲印第安文化地区。而女真族的动物崇拜是这一广阔区域中的一支，也是生命力最强的一支。检索这个时期的动物崇拜，熊崇拜占有很重要的地位。

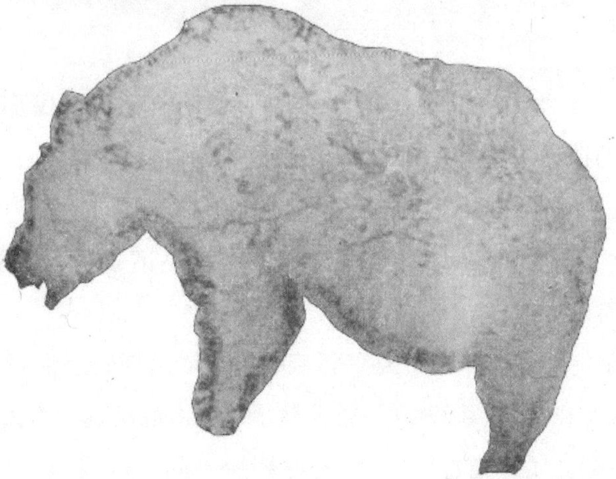

熊岩画

在欧洲史前尼安德特人的遗留物中，有数量较多的熊头和熊掌，特别是熊头祭坛还在多处出土,表明这种熊崇拜信仰的渊源如何古老得让人难以置信。在阿尔卑斯山脉及其附近地区的尼安德特遗址,20 世纪以来不断发现许多人工放置的洞熊的头(颅)骨。从 1923 年到 1925 年,考古学家发掘瑞士的野人洞,发现几个熊的颅骨与一些长骨堆放在一起。1950 年在奥地利的一个石穴中发现三个东西向安放的熊颅骨和长骨(参看伊利亚德《宗教思想史》第 1 章第 4 制)。据《剑桥世界宗教》的作者斯马特的看法:“除非我们认为这是针对熊的一些仪礼,否则就很难做出解释。”

尼安德特人这种关于熊崇拜的仪式或者内容,并没有在欧洲先民那里得到延续,而在黄色人种四万年以后的遗址中屡有发现,包括田园洞的所在地周口店。后来经过三万多年的时间,首先就在女真的先世中继续。

关于女真的熊崇拜,在古文献和国外的一些文献中屡见记载,不过,主要发生在女真的先世挹娄、勿吉、靺鞨时期。

1983 年,吉林省社会科学院苏联研究室郭燕顺等编译的斯特忍堡《鞑靼海峡的奥罗奇人》(载自《民族译文集》第一辑,第 274 页)就记载了鞑靼海峡的奥罗奇人对熊的崇拜,奥洛奇人是黄色人种,其族系也属于通古斯,和勿吉靺鞨属于同一族系,和赫哲族为亲族关系。这几个民族和女真族在基因方面几乎完全一致。

奥罗奇人对熊特别尊重(应该是崇拜的另一表达方式),有一个原因,就是熊神的亲族常常变成熊的形状在树林中游荡,而要把一只普通的熊同一个熊神区别开来,并非易事。其次,在所有举行这种仪式的民族那里,都有一个传说,讲某个时期,他们氏族的一个女人和熊结成了夫妻。因此，在熊节中有一套庄严而复杂的宗教仪式，任何一个奥罗奇人都不敢破坏。熊头受到特别尊敬，一块骨头也不得遗失，熊头悬挂在神杆上，一滴熊血也不能让脚践踏。这种对熊的崇拜意识，一直到20世纪中期在鄂温克族、鄂伦春族和女真的直系后代赫哲族中还在流行，只不过是对熊采取了树葬的形式，以示尊崇。上述民族和费雅克族、靺鞨族在整个中世纪都过“熊节”，根据笔者的调查，沿着鞑靼海峡一直到海参崴过熊节的习俗至少延续到20世纪70年代末期。

在女真族生活过的地区，虽然经过了近千年的淘洗，但是，还是留下一些关于熊崇拜的传说，比如将熊描绘为金色的，它们的胆，能够抗拒瘟疫（于又燕、王禹浪、王宏刚《女真传奇》1989，时代文艺出版社第10页）。

另一个证据是在大兴安岭东部的浅山区一代，也是女真的地盘，近些年在这一地带发现了早期的壁画，其中重要的内容是熊的形象。虽然目前还不能确证就是女真先民留下的，但是，和女真在地理距离上相近则是无疑的。

对于女真的熊崇拜，斯特忍堡特意说道：活跃在东北的女真——满族人的前身靺鞨人崇拜熊的情况，“这一点可以用日本史料加以论证。在记述7世纪寇钞靺鞨部落时，日本文献史料记载说，从靺鞨人那里得来的俘获物当中就有一些活熊，大概这些熊是为过熊节而专门养肥的。”

在女真“前十帝”时期从库页岛开始沿着鞑靼海峡一带，都服从了完颜部族的领导，而这个地区的吉利亚克人（费雅克人）都有杀死熊的图腾仪式：吉利亚克人笃信，每一氏族均有各自的熊罴，似与之确有亲缘。为了敬熊，须举行隆重的氏族庆典；届时，熊则有着至关重要的作用。为了举行敬熊庆典，先到林中捕一幼熊，置于笼中供养，对之百般敬奉；庆典之期来临，则引至聚落巡游一番，自然又是虔敬异常。最后，乱箭齐发，将熊射死。

根据俄罗斯学者的调查，射手并非本氏族成员，而是来自与之结为姻亲的另一氏族。熊头和熊骨，须葬以隆重之礼。前苏联民族学家托卡列夫认为，诸如此类弑氏族圣兽的仪礼，显然是熊图腾崇拜的变相遗迹（托卡列夫《世界各民族历史上的宗教》，魏庆征译，中国社会科学出版社1985年，第186页）。

这种熊祭礼仪很发达完整的是日本北海道原住民阿伊努人（虾夷人）。其熊节与吉利亚克人的相似：以杀死的熊肉为圣餐宴会，熊头与熊骨则奉为圣物保存。弗雷泽《金枝》一书有专门章节论述阿伊努人的熊节习俗。日本学者天野哲也则将这种礼仪同在日本古代文化遗址中发现的大量熊头骨联系起来考察。

近年来，有学者论证认为，在人类历史上熊崇拜优先发生，是因为熊的冬眠习性所引起。冬眠近乎死，春天的复活又近乎重生。在科学不发达的时代，人类惊奇于这种现象，有感于死而复生，进而产生灵魂观念，所以，发生了崇拜。

所以，有着悠久历史的女真民族应该远在肃慎之前就会发生熊崇拜。后来的历史也有熊崇拜不断的时期，但是，由于没有发展为族徽和图腾，最后，在汉文化的影响下，接受了龙凤为图腾，在文化上自觉地融入了中华民族大家庭。

二、女真动物崇拜主体——海东青

2007 年，在内蒙古的乌兰察布发生了一个案件，当地的森林警察抓获了一名专门倒卖“猎隼”的北京籍中年妇女。这位妇女是满族，她的爷爷曾经在伪满洲国为皇帝溥仪驯鹰，据说，驯的就是海东青——直到清代，女真对海东青的崇拜还在继续。这位妇女倒卖的猎隼，在女真金朝和满清帝国都是崇拜的对象，而尤以金朝为甚。

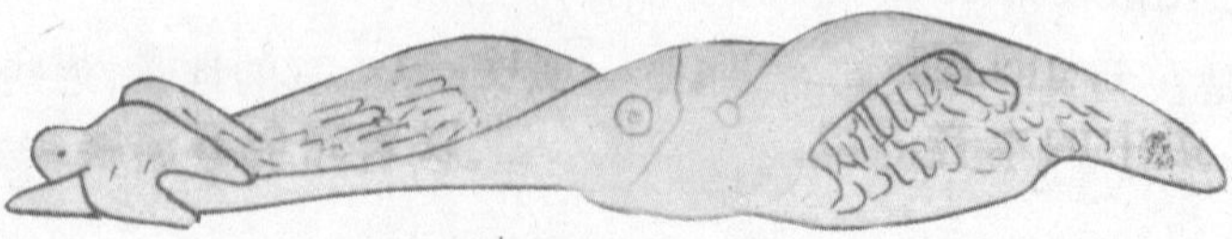

海东青抓天鹅(一)

据办案的森林警察讲述，这种猎隼特别有灵性，经过人的驯养后，可以帮助主人捕猎。

而现在的倒卖，可能有了重大因由——由于这种猎隼可以在非常高的天空中飞翔，可以躲避雷达的监控，有些犯罪分子甚至利用它运输毒品。所以，笔者之一的王德恒在《萨满荒原》(中国和平出版社 2004 年出版)中描写海东青具有将女真结绳记事绳套叼起传送的情结，还是有着生物学的根据的。

办案的森林警察还告诉记者，盗猎者们还将乌兰察布市境内的一种头部有白毛、身上有白点的猎隼称为猎隼中的极品，若抓到这种极品猎隼一般出价都在万元以上。这种被称为极品的猎隼与神秘的海东青有没有血缘关系就不得而知了。

对于女真族崇拜海东青，在学术界没有异议，但究竟怎样认识海东青是有分歧的。

有人说，海东青就是肃慎语“雄库鲁”，意为世界上飞得最高和最快的鸟，有“万鹰之神”的含义。可是，关于肃慎族的记载少之又少，在认为是肃慎文化遗存的莺歌岭等遗址也没有出土过相关文物。“雄库鲁”只能是满语，是满族后人对海东青的追思和赞美。

传说中十万只神鹰才出一只“海东青”，是肃慎(满洲)族系的最高图腾。代表勇敢、智慧、坚忍、正直、强大、开拓、进取、永远向上、永不放弃的肃慎(满洲)精神(这个表述来自于网络搜索中的“海东青”)。这是对一种民族精神的表达，也可能是在清朝之前形成的。

根据上述推论，海东青不单纯是一种真正存在的物种，而成为类似于汉民族的凤凰图腾的崇拜。

有人认为，在肃慎时代，海东青就已经存在，可能是一种早已灭绝的巨大鸟类，因为根

海东青抓天鹅(二)

据《山海经》的记载,很有可能是肃慎地(古东北)大荒之中的“九凤”。后世海东青形象渐小,是海东青世俗化的结果。又据《本草纲目·禽部》记载:“雕出辽东,最俊者谓之海东青。”

近代学者认为,海东青应该是隼科中的矛隼东北亚种的汉语俗称。矛隼是一种中小型猎鹰,分布在欧洲北部、亚洲北部、北美洲北部的广大地区,其东北亚种在中国原产于吉林、黑龙江、辽宁东部和新疆喀什等地。定位为是一种形象美丽的“中型猛禽”,也就是体形较大的隼类,所以又有“巨隼”之称。其体长56~61厘米,体重1 310~2 100克左右,羽色变化较大,有暗色型、白色型和灰色型。近代以来极为罕见,其中在吉林、黑龙江、辽宁为留鸟或者繁殖鸟,在新疆为冬候鸟。契丹人统治中国北方时期,通过对生女真部落的统治,将海东青列为最重要的贡品,曾经将海东青大量引入今天的内蒙古地区。

但是,从出土文物中看,海东青的体型非常小,大约是天鹅的十分之一,不像中型猛禽。一只大天鹅最重的也不过3 000克,文物中的海东青几乎都是天鹅的十分之一左右,所以,海东青的体重不会超过1市斤。

海东青栖息于岩石海岸、开阔的岩石山地、沿海岛屿、临近海岸的河谷和森林苔原地带,堪称北国世界的空中霸王。海东青主要以野鸭、鸥、雷鸟、松鸡等各种鸟类为食,也吃少量中小型哺乳动物。它在空中飞行发现猎物后,迅速将两翅一收,急速俯冲而下,就像投射出去的一支飞镖,径直冲向猎物。捕捉岩鸽等猎物时,雄鸟和雌鸟可以进行巧妙的配合,由雌鸟突然飞进岩鸽栖息的洞穴中,将它们驱赶出来,雄鸟则在洞外等候,进行捕杀。

所以,康熙皇帝赞美海东青:“羽虫三百有六十,神俊最数海东青。性秉金灵含火德,异材上映瑶光星。”不仅宣扬了武德，激励军勇，更夸耀了海东青性情刚毅而激猛，其品质之优秀可与天上的星星相辉映，其力之大，如千钧击石，其翔速之快，如闪电雷鸣。由此可见海东青在古代东北帝王眼中的地位非比寻常。

成为女真崇拜物的原因

海东青是女真族的最高图腾，到了清朝有“万鹰之神”“神使”的称谓和含义，这里的神指的是女真文化的最高神天神阿布凯恩都哩和其母亲阿布卡赫赫。在神话中海东青是一个浑身燃烧着巨大光、火和热、挥舞着巨大翅膀、永不停歇、永远怒翅飞翔的鹰神形象。

在满语中，海东青的发音“熊库鲁”“宋昆罗（jongkhurun）”，肃慎、女真、诸申、诸神、朱理真，都是满语“juonshen”，这些都是同一个词不同汉译和转译。可以说海东青就是肃慎以来到满族民族的族名。

但是，海东青也没有上升为民族图腾。不论是挹娄、勿吉、靺鞨、女真直到满族，都没有将其作为民族图腾，只是停留在动物崇拜的水准上。靺鞨建立的渤海国、女真建立的金国和后来的清朝，基本上都是以汉地传入的龙凤为图腾，接受了汉文化。早在唐代，海东青就已是海东盛国靺鞨所建的渤海国朝奉中原王朝的名贵贡品。唐代大诗人李白曾有诗：“翩翩舞广袖，似鸟海东来。”但是，虽然是贡品，还没有达到崇拜为图腾的地步。而是到了女真时代，崇拜程度增加了，几乎快成图腾了。

那么，女真系列这个民族为何崇拜海东青，分析起来除了它实用的猎鹰之外，其精神价值主要是“以小搏大”！

实际上肃慎系列的民族从来在人口上就是个小民族。完颜阿骨打起兵建立金朝的时候，统一后的女真部落也只有不足 10 万的人口，军队只有 2 500 人，他们对辽朝和宋朝来说都是小国，对辽宋的战争都是以小搏大，获取胜利。

他们的精神力量其中就有海东青的启示。一只只有天鹅十分之一大的海东青，在空中以比箭还快的速度，咬住大鹅的脖子，在空中扭打厮杀，最后拖曳到地面，食其脑髓——这是何等的猛烈，何等的勇敢。而且还包括智慧在内，要出击的恰到好处，一击必中，决战到底——这等等的素质，对于女真人确实是应该发扬的，因此，也是受到女真崇拜的主要原因。金代一位诗人把海东青扑击天鹅的场面描写为“搏风玉爪凌霄汉，瞥日风毛堕雪霜”，表现了对海东青以小制大、坚毅勇猛的赞誉。现在看到的关于海东青的文物主要是玉雕，都是海东青在擒拿天鹅。黑龙江出土的带挎也是海东青擒天鹅。成于金代的传世古曲也是《海东青拿天鹅》。

海东青都是野生野长，由人捕来驯化后再以供助猎之用，由于海东青不易捕捉到和驯化，在金元时期甚至有这样的规定：凡触犯刑律而被放逐到辽东的罪犯，谁能捕捉到海东青呈献上来，即可赎罪，传驿而释。因此，当时的可汗贝勒、王公贵戚，为得名雕不惜重金购买，成为当时一种时尚。

海东青的分类

海东青中以纯白的“玉爪”为上品，另有秋黄、波黄、三年龙等名目。到了清代，如果一个刑徒捕捉到一只海东青并进献给朝廷，则可免一切死罪，可见其何等珍贵。辽代统治者年年派出银牌使者向女真族五国部索要贡品海东青，到了天祚帝时期吏治败坏，银牌使者且“每至其国，必欲荐枕者。其国内轮中下户作止宿处，以未出室女待之，后，使者络绎，恃大国命，惟择美好妇人，不问其有夫及阀阅者”。激起女真人的怨愤，在女真完颜部首领阿骨打率领下，集女真诸部兵，擒辽障鹰官。清代文人沈兆禔曾评价道：“辽金衅起海东青，玉爪名鹰贡久停。”可见，一只鹰虽微不足道，却关系到辽金的兴亡。

辽、金、元、明、清各代均设有类似鹰坊的机构，专司捕取和饲养。据笔者研究，辽朝由于是“行国”，朝仪在野外举行，要举办“头鹅宴”“头鱼宴”等仪式，放飞海东青拿天鹅或者捕捉狐兔，几乎成为一种近乎宗教的仪式，不完全是为了游猎和消遣。

海东青的捕捉和驯服很不容易，民间常有“九死一生，难得一名鹰”的说法。将野性十足的海东青用捕鹰网捕获后，要拜谢“鹰神”格格的恩赐。带回家放在熬鹰房将鹰上架，加上“脚绊”，几天几夜不让它睡觉，磨掉野性，叫“熬鹰”。再通过“过拳”“跑绳”等环节，这时鹰就能听人的吆喝来到猎者的手臂上。最后通过对鹰的“勒膘”，把肠油刮出，使鹰饥饿，但肌肉强健，便于捕获猎物。驯好的鹰就可以到山野之中“放鹰”了。

关于海东青的神话传说

在《女真传奇》《女真谱评》两部流传有序的传说集中，记载了许多有关海东青的传说。比如，海东青引导女真的创始人九天玄女认识了“紫貂为宝”“海东青救驾”，并且这些传说和实在的历史人物“前十帝”、金太祖、金兀术等人都有关系。

而关于海东青的最重要的传说，几乎都和萨满有关。这是北方自然神教的反映。

考古工作者在兴凯湖女真故地发掘出骨雕鹰头，距今约六千余年，应该是肃慎文化的一种反映，也同时说明当时已经有了类似萨满的神职人员。在金上京古城东女真墓群中，发现了以海东青捕捉一只飞翔的天鹅为纹饰的鎏金铜带挎，证明海东青崇拜已经进入日常生活当中。在我国东北民间儿童游戏中有“老鹞子叼小鸡”活动。在吉林敦化一带流传的《阿玛有只小甲昏》的歌谣：“拉特哈，大老鹰，阿玛有只小角鹰。白翅膀，飞得快，红眼睛，看得清。兔子见它不会跑，天鹅见它就发懵。佐领见了睁大眼，管它叫做海东青。拴上绸子系上铃，吹吹打打送进京。皇上赏个黄马褂，阿玛要张大铁弓。铁弓铁箭射得远，再抓天鹅不用鹰。”这些都是女真族发展到满族的民族精神的艺术体现。

在满族民间有许多关于海东青的传说，反映的是女真时期的内容。如《七彩神火》中说:残暴贪婪的大辽王,年年逼迫女真部落的"达敏包"(就是"鹰家"或"鹰户"的意思)替辽王捕捉鹰雕。还拿鹰户的妻子儿女做人质,如不按时交鹰就砍杀活埋。"达敏包"中有个老鹰达(即头领),为了解救本部落人的危难,带领一子一女,到很远的北方享滚河的尽头捕鹰,结果老鹰达和儿子被冻死在山上。女儿在神火格格的指点下,用太阳的七彩神光照化了鹰山上的冰雪,使山上的海东青向南移居,这样,捕鹰的鹰户就比较容易捕捉到了,老鹰达的女儿在一次雪崩中丧生,变成一只高飞的鸟。

另一个传说《鹰城与海东青》的故事,写的是女真首领阿骨打率兵攻打大辽国,借助海东青助战以少胜多,大败辽兵获胜。

在女真到满族萨满教神谕中,唱赞鹰神有"遮雪盖地的金翅膀,怀抱两个银爪子,白天背着日头来,晚上驮着日头走",是人世间光明与黑暗的支配者。同时鹰神与雕神又是力量与威武的象征,雕神为最凶猛的宇宙大神。

在满族萨满神谕中传讲,天刚初开时候,大地像一包冰块,阿布卡赫(天神)让一只母鹰从太阳那里飞过,抖了抖羽毛,把光和火装进羽毛里头,然后飞到世上。从此,大地冰雪才有融化的时候,人和生灵才有吃饭、安歇和生儿育女的时候。可是母鹰飞得太累,打盹睡着了,羽毛里的火掉出来,将森林、石头烧红了,彻夜不熄。神鹰忙用巨膀扇灭火焰,用巨爪搬土盖火,烈火中死于海里,鹰魂化成了女萨满。所以,萨满魂就是不屈的鹰。

海东青的产地就在女真人祖先聚集之地黑龙江和乌苏里江流域。据说,在女真人祖先居住的境内(今俄罗斯远东地区以东的大海边的海叉子里),出产一种珍贵的珍珠,珠蚌每年10月大熟,但是此时海边坚冰数尺,人无法凿冰取珠。当地有一种天鹅,专以珠蚌为食,食蚌后将珠藏于嗉内。海东青素来喜欢捕捉大雁,有以大雁脑浆为食的习性。于是,女真人的祖先便训练海东青捕捉这种天鹅。

据《三朝北盟会编》记载,女真本名朱理真,而在女真语中,东方一词的读音是"诸勒",与朱理之音相通,海青的读音为申,拼合后为"诸勒申",与朱理真同音。因此有研究者认为,女真一词含义为东方之鹰,而这个东方之鹰就是海东青。海东青不仅是他们猎取食物的好帮手,也不断在向女真人图腾方向发展。

所以,有传说,金太祖完颜阿骨打的名字还与海东青有着密切的关系。据说,在完颜阿骨打母亲怀胎十月后即将临盆时,辽国元帅领兵杀来。完颜阿骨打的父亲劾里钵保护着妻子边战边退,他们退至乌拉山下,劾里钵肩头受伤,他的妻子在杂草上生下了一个胖小子。正在此时,漫山遍野的辽兵攻了上来,情况万分危急。突然,从天上飞来一只玉爪玉嘴的大白雕,围着刚刚出生的男婴飞来飞去,还不停地叫着:"阿骨——打!阿骨——打!"

大白雕的叫声惊动了乌拉山的山神阿古,听到大白雕喊"阿骨——打",以为是让他打辽兵,便大吼起来。吼声过后,大大小小的山头都听到了阿古的呼唤,纷纷打开山门,让山水冲下来。迅猛的山洪把辽兵冲得七零八落,死伤无数。后来,劾里钵为了感大白雕和山神阿古的救命之恩,便将自己的孩子取名为阿骨打,从此以后敬白雕为神。传说中这种玉爪玉嘴的白雕正好符合海东青的形象。当然,在有关海东青的传说中,也有黑色的,实际状况中则有灰褐色的。

据《柳边记略》记载:"海东青者,鹰品之最贵重者也,纯白为上,白而杂他毛者次之,灰色者又次之。"《异域录》里也记载,海东青"有雪白者,有芦花者,有本色者"。当时一只普通的海东青价格在30两白银以上,甚至戍边的犯人如果能够捕捉到海东青并且将其上交就可以获得减刑甚至释放。

海东青的余绪

1234年,由女真人创建的大金国也被元蒙铁骑和南宋夹击而灭亡。不过,海东青却没有因为大金国的灭亡而淡出人们的视野。到了明代,海东青仍旧在诗歌中频现,曾经写出名著《西游记》的吴承恩曾经在一首诗中写道:"成群引着犬,满膀架其鹰。荆筐抬火炮,带定海东青。"随着时间的流逝,有关海东青的记载越来越少。被现代动物学家称为矛隼的海东青依然分布于中国西北部的新疆、青海以及东北部的黑龙江等省区。不过,在这些地方,海东青也已经极其罕见。如今,海东青已经被国家有关部门定为二级保护动物。

活罗与乌鸦

在女真人崇拜的动物中,有一种和海东青是同类,但是,较之海东青体型要大,称为"活罗"。《金史·世祖纪》有云:"'活罗',汉语慈乌也,北方有之,状如大鸡,善啄物,见马牛橐驼脊间有疮,啄其脊间食之,马牛辄死,若饥不得食,虽砂石亦食之。景祖,嗜酒好色,饮啗过人,时人呼曰'活罗'。"

有人解释活罗就是慈乌,又名慈鸦,乌鸦的一种。历来人们认为慈乌神域"反哺",即幼鸦长成后,会寻找食物,供养母亲。而且也有因其饥不得食时往往食砂石,后因以比喻贪食之人。清赵翼《哭缄斋侄》诗之二有"蹒跚见客怜盘辟,饮啖兼人笑活罗"的诗句。

但是,慈乌只有乌鸦的一半大,而且是不敢侵犯马、牛、羊、骆驼的,更不用说将它们啄死了。所以,或者另有活罗。这种活罗还是很受女真人崇拜的。功劳很大的景祖绰号活罗,在完颜劾里钵时代也有一个将领名字叫做"活罗"。

乌鸦、喜鹊是满族的图腾式的崇拜物,这是大家熟知的。关于这种崇拜的来源,学术界、民间传说种种不一,多达百种。是不是早在一千多年前,有一种大乌鸦,被称为"活罗"呢?

这种乌鸦比我们现在看到的乌鸦大两倍还多,目光敏锐,黑色的喙也极锋利,不但捕食小型动物鸟类,而且啄食骆驼和马、牛、羊。

呼什哈哩氏的萨满祭祀中唱到:乌鸦是看林子的格格,即林海女神,有了她猎人进山就能平安。所以,往昔猎人祭山林时先要给乌鸦扬酒撒肉(摘自《萨满荒原》)。

有人说,这里的萨满唱的乌鸦就是活罗。

《乌布西奔妈妈》中说乌鸦从前是天神阿布凯恩都哩的亲随,在争战中误食黑草死去,变成号啼的黑乌,在人马屯寨边飞旋,为人巡狩,保人平安。它的名称就叫"活罗"。

"活罗"在金源地区(今黑龙江省阿什河一带)还是造福者的形象。女真神话中,喜鹊、乌鸦是九天女的孩子,被洪水淹死后,化为鸦鹊,给女真人衔来了谷种,送来了"谷神",女真人的农业生产日益发达,也使完颜部日益强大起来。

注意,除了乌古乃之外,号称"谷神"只有完颜希尹了,他是金朝的开国功臣,女真文字的创造者。

实际上,不单以女真为代表的北方民族崇拜乌鸦,就是在整个中国,对于乌鸦的崇拜也是一种古老的信仰,中国的许多民族在古代的时候都曾经崇拜过乌鸦。上古神话有"三足神乌"为王母取食的神话,已将乌鸦称为"神乌"。

"三足乌"历来就是太阳神的代称。

而用乌鸦占卜是古人对乌鸦崇拜的一种体现,早在西汉时期,就盛行鸦卜习俗。后来甚至还有专门讲用乌鸦占卜的著作《阴阳局鸦经》。在黎族的《举木惹牛》故事中,乌鸦能够救人,在普米族神话《洪水滔天》中,乌鸦能够预料灾难的发生。对于乌鸦的崇拜,跟生产方式有关,最早的乌鸦崇拜应当产生于狩猎时期,乌鸦能够帮助狩猎者找到动物的尸体,获得食物,同时有些民族还有崇黑的习俗,乌鸦因其黑色羽毛而受到喜爱。

无疑,这里说的乌鸦有很大一部分就是"活罗"。

但是,根据《金史》等古籍中的描述,苍鹰更符合活罗的形象。

苍鹰在东北地区又称为"老鹰""老鹞鹰",是一种大型鹰,雄性体长 49 ~ 57 cm,翅展 93 ~ 105 cm。雌性体长 58 ~ 64 cm,翅展 108 ~ 127 cm。雄性从头部到前部为灰黑色,眼后为黑色,下体杂有数目很多的灰黑色小横斑。雌鸟上体及翼表面为灰褐色,眉纹白而杂以褐纹,下体白色,体下面有纵斑。苍鹰在飞翔时,翼短而宽,先端圆,尾较长。一般常常是扇翅和滑翔交替进行,呈直线状飞翔。在飞翔时翼保持水平状。扇翅速度较其他大型鹰类快。栖于山地森林中,善于捕食小型哺乳动物,如野兔和野鼠等,偶尔也捕食羊的幼崽,有的甚至捕食牛犊。如果骆驼、马、牛等脊上生疮,聚集蚊蝇,它也敢袭击这类大动物。当然也捕食鸟类。主要分布于我国东北,云南和广东等地也出现过,数量有限。

苍鹰主要繁殖于西伯利亚以及我国的小兴安岭等地。此鸟嗜食鼠等,对农业有益。幼鸟常被驯养作为猎鹰,用以捕捉野兔及小鸟。也就是猎鹰的一种。

苍鹰是肉食性动物中的大肚汉,所以,可以捕捉山羊、绵羊和小鹿。大多数在白天活动,即使它在千米以上的高空翱翔,也能把地面上地猎物看得一清二楚,是鼎鼎有名的千里眼。它有一副强壮的脚和锐利的爪,便于捕捉动物和撕破动物的皮肉。它的喙大,胃肠发达，消化能力强，吃下去的老鼠，一会儿工夫就被消化得精光。它的体态雄伟，性情凶猛，动物学上称它是猛禽类。所以，《金史》中提到的活罗，应该是苍鹰。

三、女真族动物崇拜中的巫术——牛马

一般来说，新石器时代后期，东北的民族起源有三支，一支是大兴安岭起源的东胡——鲜卑族系，契丹是鲜卑后裔；一支是黑龙江、乌苏里江、白山起源的肃慎——女真族系；一支是扶余秽貊——高丽族系。

这是一个漫长的过程，而且有着血统和语言复杂的交叉。当代所谓白山黑水之间，泛指东北地区。

为了探讨女真族牛马崇拜习俗的形成，我们要从岩画上找寻根源，而这岩画的产生地则不是人们公认的女真的活动地点，而是在大兴安岭。

大兴安岭在靺鞨时期之前或者说勿吉时代，是称为“白山”的。

《黑龙江志稿》卷一的“民族”条说“锡伯，打牲部落，本鲜卑遗种……”沈阳锡伯家庙的《太平寺碑记》记载“垂青史之锡伯部原居海拉尔东南扎兰托罗河流域”。

“扎兰托罗河”即今绰尔河。据《钦定盛京通志》卷二八《山川四》，该河“源出兴安岭（指今大兴安岭），流至扎赉特旗地，流六百里入嫩江”。这里即汉代大鲜卑山的东麓。南北朝隋唐时期的史书称居住在这一地区的部落为“失韦”或“室韦”，因此，锡伯人在这一时期当属于众多室韦部落中的成员之一。

锡伯族在祭奠死者时，常把死者的姓名写到纸上，开头写“夏恩阿林×××”，然后在现居地的西北方向向东烧掉，意思是把死者的灵魂送回“夏恩阿林”老家安息。

“夏恩阿林”才是锡伯族的故乡。

李立先生对锡伯族的语言研究了将近三十年。他解释：“夏恩阿林”中的“夏恩”是“白”的意思，“阿林”是“山”的意思。连起来读则音转为“兴安岭”。因此，白山就是指锡伯人的原始居住地兴安岭，即今大兴安岭。

“夏恩”的读音又与“兴安”接近，所以耿世民先生将突厥语 Qadirqan 一词，在直接从突厥文翻译碑文时，把“Qadirqan 山”译为“兴安岭”。

所以，“兴安岭”即“白山”一词在南北朝末期，即阿史那土门建立突厥汗国（552 年）时就早已存在了，估计至少出现在西汉初年，也就是东胡余众退保乌桓山和鲜卑山的时候。

《资治通鉴》（卷一百四）胡三省对“代王什翼犍使白部、独孤部南御秦兵，皆不胜”一事作注说：“鲜卑有白部，后汉时居白山者最为强盛，后因曰白部。”这里说的是因山名族，故“白山”之名早已有之。

据《魏书·序纪》，拓跋鲜卑的始祖拓跋力微在兼并了没鹿回部并建立起拥有“控弦上马二十余万”的部落联盟之后，大约在曹魏高贵乡公甘露三年（258 年）迁“定襄之盛乐”（今

内蒙古和林格尔北），举行以祭天为名的部落联盟大会，"诸部君长皆来助祭，唯白部大人观望不至，于是征而戮之，远近肃然，莫不震慑"。

室韦（今锡伯族）就是当时白部中的一部分，起源于今大兴安岭南段东部的鲜卑山，即今地处大兴安岭东侧的浅山区和广漠草原地带的科尔沁右翼中旗一带，与西南的阿鲁科尔沁旗西北140千米的乌桓山遥遥相对。因此关于兴安岭即白山，中原地区应首先是从他们这里知道的。后来拓跋鲜卑称东部鲜卑为"白部"，氐人称慕容鲜卑为"白虏"都是来源于此。一直到北魏时期白部才鲜见于记载，多以室韦呼之。

室韦族最初见于汉文文献，始于5世纪（北魏），进入11世纪后（金前期），史书上才无室韦活动记事。

室韦，初作"失韦"，隋时始用"室韦"，后也有写作"失韦""失围"的。原系蒙古语音译，森林之意。用作族称，意为"林中人"，和女真前期称为"勿吉"是一个意思。伯希和、方壮猷等说室韦为"鲜卑"的同名异译或别称，似乎不准确。

室韦人已经从事原始的农耕和畜牧，使用角弓和长箭猎获野兽，用鹿皮制作衣服。男子束发，妇女束发作叉手髻。

他们用芦苇和柳条编织房舍，使用木筏和皮船。粗放的农耕只能得到少量的收成。饲养为数不多的马匹，而猪、牛较多，但不养羊。这和女真前期的生产生活方式基本相同。

至辽代，室韦人先后被契丹贵族所征服，成为辽朝的臣属。契丹人把室韦——达怛人称作"阻卜"，金朝也常沿用此名称，而且和金朝的冲突很大，曾经打败过金兀术，最后，金朝同意了他们的边界要求，双方才和平相处。

女真黑水部和黑车子室韦有着密切的关系，黑水部就是生女真和完颜部的前身。有民族学者称，黑车子和黑水部是一个部落，也不无道理。辽代以室韦作称号的主要有"室韦部"和"突吕不室韦部"。后一部落有明确的记载参加了女真反辽的起义。这两个部落，在历史书上是金初归附女真，后遂不见其名，似加入了女真族。

大约从7世纪起，室韦的农业生产已进入犁耕阶段。不过由于其境内少铁，靠从高丽人那里交换获得有限铁器，这种交换路过女真属地，和女真有过关于牛、马的交换，故两族关系尚好，几乎不见有冲突的记载。

以往都认为是女真人首先懂得了蒸馏发酵，实际上，是室韦人最先发明的"蒸麦发酵酿酒"。畜牧业以饲养猪、牛为主，少马无羊。猪是其衣食之源，牛、马既是代步的工具，也是男女婚娶的聘礼，这和女真几乎完全一样。狩猎业以捕打獐鹿供衣食之需，所使用的工具也是角弓、楛矢。

之所以叙述室韦和女真的关系，是因为室韦是鲜卑血统，崇拜牛、马，尤其是马。不但见于文字记载，也见于大兴安岭东部的岩画。他们加入女真，应该是女真牛马巫术的来源之一。

《金史》中关于女真崇拜牛、马有着形象的记载。

《金史·谢里忽传》记有女真族的神牛、神马的神话:“国俗,有被杀者,必使巫觋以诅祝杀之者,乃系刃于杖端,与众至其家,歌而诅之曰:‘取尔一角指天,一角指地之牛,无名之马,向之则华面,背之则白尾,横视之则有左右翼者。’其声哀切凄婉,若《蒿里》之音。既而以刃画地,劫取畜产财物而还。其家一经诅祝,家道辄败。

“及涞流水乌萨扎部杀完颜部人,昭祖往乌萨扎部以国俗治之,大有所获……谢里忽曰:‘前日免汝于死者吾之力,往治乌萨扎部者吾之谋也……’”

这是女真人神牛、神马神话的完整内容,也是动物崇拜的一种形式,是以萨满神词的形式出现的。但是,读完之后往往充满疑惑,多有不解。

当然,历代有人意图解释这个萨满神词之谜。其中,对这个神词中的神牛、神马形象,与鲜卑族南移途中的神兽“其形似马,其声类牛”、契丹族的青牛白马族源神话、蒙古族以牛为神灵的诸神话有着密切的关系。

但《金史·谢里忽传》所记神牛、神马的神词与鲜卑族,尤其与契丹族的青牛白马神话有渊源关系——或者说在其神词的深层结构中还保留有青牛白马神话的某些原型,但已经发生很大变异——由族源神话而演变为巫师诅祝的神词,成为巫师施行巫术的助手了。

细审神词,“取尔一角指天、一角指地之牛”,牛角上指天、下指地,象征此牛可通天地,是为神牛。则牛角为一法器,牛角是沟通天地的神器。它上指天、下指地,沟通天地,成为具有神性的神牛,而对牛角的神化,正是对巫师的神化,用以宣扬巫师的法力。

“无名之马,向之则华面,背之则白尾,横视之则有左右翼者”,华面有人解为假面、代面,恐非,应是马头装饰。金上京出土人物骑马铜像,其马头有装饰,即所谓华面者,马头上扬作奔驰飞腾状,当为飞天神马。白尾,则此马为白马。左右翼,即马身有飞翼,则此白马为飞天白马,飞天神马。

据考古学资料,吉林省榆树县老河深中层曾出土“神兽鎏金铜牌饰”:“神兽形象近似飞马,吻部有一弯角上翘,近犀牛角状,昂首扬尾,四蹄腾云,双冀上展,作奔翱状。与《魏书·帝纪·序记》所载‘有神兽其形似马,其声类牛’大体相合。”这是马牛合体带有双冀的神兽铜牌饰,当为巫者所有。

俄国学者 э. в. 沙弗库诺夫曾指出:渤海萨满教的祭祀标志物……必须首先提及的是铜铸造的马上骑士铜像,总计发现 4 件,两件出自断代为公元 8 至 10 世纪的青石崖遗址上层堆积;第 3 件出自曾经坐落在今乌苏里斯克市南部城区的南乌苏里斯克城址,该城址曾是渤海国率宾府的行政治所;第 4 件出自中国东北黑龙江省东京城,这里是渤海国的上京(按:据中国渤海考古学家赵哲夫讲,渤海上京遗址出土多件骑马人物铜像,朱国忱先生指出这类铜像在靺鞨遗址也有出土)。

“渤海骑士铸像以及在赛加城址出土的女真骑士铸像的研究结果所展示的,它们均是最高的太阳神的形象。"

"渤海国是靺鞨人所建，人种和民族与女真同出于肃慎。经过肃慎、挹娄、勿吉变为真的萨满教成为下列链状环节的一环：古肃慎人—勿吉人（黑水部）—靺鞨人（渤海国）—女真人—现代通古斯—满语系的远东民族。"

这样说来，神词中的飞天神马乃太阳神的御者，青铜骑士铸像为太阳神灵铸像。神词中的神牛、神马则是人间的保护神。

巫者唱神词，"其声哀切凄婉，若《蒿里》之音"，像唱诵哀歌、丧歌以制造气氛。

"既而以刃画地，劫取畜产财物而还"，这个"刃"就是"系刃于杖端"的刃，杖、巫杖；巫杖杖端系刃，并"以刃画地"，这是施行巫术、巫法。"刃"是法器，杖、巫杖，是巫师通天地鬼神的法杖。

巫术是一种歪曲了的虚妄的信念。"它相信自然界中普遍存在着人们不可见的种种联系和影响；相信外界（包括人死后的冥界）有种种可能对人们发生影响；相信人反过来也可以对这些外界发生影响；就是人本身、人与人之间也可能发生某种看不见的影响。这便是一种巫术的信念。""巫术所担负的都是人的现实能力所不能及的事，都是用人们一般生产和生活技能不能控制的事。越力所不能及，越不能直接控制，便越产生控制的要求，于是便借助巫术来达到这个目的。""人们对巫术的相信，正是出于对人的自身能力的相信。"

唱神词，借助神牛、神马保护被害者，并用以诅咒杀人者，口中念诵神词，手中以刃画地以诅咒杀人者，"其家一经诅咒，家道辄败"，杀人者受到极大的精神压力，受到巫术的诅咒，又兼畜产财物被劫取，"家道辄败"。

女真人正是通过这种巫术达到团结部众，解决内部纷争的目的的——"以国俗治之，大有所获"。从这里可以看出"尚巫祝"的女真族，是非常重视萨满文化中神牛和神马的作用的。

在前面我们曾指出，女真人的神牛、神马的神词，在其深层次中包含着契丹族青牛白马神话的某些原型。这是可以找到历史根据的。

"兀术回至镇江，宋将韩世忠提海舟驻扬子江以邀之，兀术不得渡，刑白马，杀妇人，自刃其额以祭天，后得破海舟之策……""遂筑台于江上，海陵被金甲登台，杀黑马以祭天，以一羊一豕投于江中。"

据查，刑白马杀青牛以祭天，源于契丹族的青牛白马族源神话。

成书于元顺帝至正五年（1345 年）的《辽史·地理志》有云："相传有神人乘白马，自马盂山浮土河而东，有天女驾青牛车由平地松林泛潢河而下。至木叶山，二水合流，相遇为配偶，生八子。其后族属渐盛，分为八部。每行军及春秋时祭，必用白马青牛，示不忘本云。"

神人、天女，青牛、白马均为族源传说神话，均属萨满出世传说，在契丹族史、契丹族文化史中，白马、青牛占据重要地位。

契丹人之以青牛白马祭天地，就在于契丹人认为世界是分层次的，把世界分成天、地、人、神的不同层次，而神人、天女驾白马、青牛“相遇为配偶，生八子”，是指萨满出世。辽太祖为“天皇帝”，“后曰地皇后”。“（述律）后尝至辽、土二河之会，有女子乘青牛车，仓猝避路，忽不见。未几，童谣曰：‘青牛妪，曾避路。’盖谚谓地祇为青牛妪云。”则契丹人以述律后为地祇矣。天皇王、地皇后，一为天神一为地祇，把人神化，并借助白马（神）、青牛（神）沟通天、地、人、神，则辽太祖与述律后均具有了神格，均具有了巫者、萨满的身份。

契丹族神人、天女与白马、青牛族源神话是对契丹族祖萨满出世的远古回响。

金兀术被困，“刑白马，杀妇人，自刃其额以祭天”—杀妇人—妇人（青牛妪），用以代替青牛；“自刃其额”——剺面用以血祭。杀白马青牛祭天，并自刃其额，显然受到契丹萨满文化之影响。

海陵王完颜亮之杀黑马以祭天，亦是刑白马青牛祭天的变化。

可知，女真人的神牛、神（白）马以及兀术、海陵之刑白马（或黑马）、杀妇人的萨满文化显然来源于契丹族文化，融合契丹族文化而成为女真族萨满文化的重要内容。

中国北方古族也有神牛观念，美国著名蒙古学家塞瑞斯曾作过史料的收集与排比：“《金史·谢里忽传》中对牛的神化，也可见于蒙古、突厥语文献中。”

塞瑞斯的论述转引自敦煌学家杨富学先生的《中国北方民族历史文化论稿》（甘肃人民出版社 2001 年出版）附录。

塞瑞斯先生只作了史料的收集与排比，包括这种神化动物的多种变异形态。我们看到，这种神牛及其变异形态的一个特点就是与天地相接，均有通接天地的功能，均是可通天地的神化了的动物（包括怪人、怪兽）。

上面我们论述了女真动物崇拜中的熊、海东青和鹰类及牛马崇拜。

而在虚拟动物中，女真族的主要崇拜对象是从汉地传过去的龙凤，青铜坐龙在阿城出土了一尊，在北京金皇陵出土了两尊。造型几乎相同的石坐龙前后出土了约 10 尊（有的残破的不易辨认）。

女真的动物崇拜的例子还能举出很多，如鱼（鲟鳇鱼、鲤鱼、大马哈鱼）、乌鸦、喜鹊、鹿、猪（家猪和野猪），后来的狐狸、黄鼬、雉鸡、狗、狼等，并且带入了巫术之中，一直流传到先在。现在在东北地区和华北少部分地区普通百姓家盛行的“堂子”，就是滥觞于肃慎、挹娄直至女真时代，也是女真巫术的重要组成部分。理清女真族动物崇拜的线索，对于女真族历史文化的研究也是有意义的。故此文起到引玉之砖的作用，当无憾。

作者简介

齐　心　中国辽金史学会名誉会长

北京考古学会会长

联系电话:13521466601

王德恒　中科院科学传播研究中心研究员

中国古人类学会理事

北京史研究会理事

联系电话:13371769582

思　文　北京史研究会会员

新浪名博特约编辑

老母顶的来历

王永年

金源故地是完颜女真部的发祥处，金帝们生于斯长于斯。因此，在按出虎水（今阿什河）以东的山区就成了他们最初的墓园。金立国前有10位部族酋长，被后来当了皇帝的子孙追谥为帝，他们当初的埋葬地就封了十几处帝陵。这些帝陵全都在这片山岭间，多数已无处可寻了。现在经考证确认的只有和陵。和陵所在地在金史上称胡凯山，民间叫老母顶。这山埋着第二次移葬的金太祖和第一次埋葬的金太宗。

老母顶三面山势陡峭，唯有南面舒缓广阔。金帝们就躺在南坡向阳、背风、宽绰的山坳间。封为帝陵的胡凯山为什么叫老母顶呢？经专家分析：女真在建国前是一个开化较晚的部族，带有浓厚的母系社会遗风，对母亲的崇拜亦十分明显。比如，他们崇拜的图腾是柳树，一取柳的枝叶繁密，反映他们渴求子孙繁盛的心理；二取柳叶形似女阴，正是对生殖的崇敬。如女真最为著名的传统民俗“拜天射柳”就充分体现对女人们的崇拜心理。这山埋着帝王自然就伴有帝后，这或许就是民间叫老母顶而不叫胡凯山的缘故。

金童玉女老君山

郭长海

俗话说“天上的仙，地上的山”，凡是天上有名的神仙，在地上都会有一座名山作为落脚的地方。松峰山上有一座山峰，似太上老君端庄而坐，故称老君山。相传是道教始祖太上老君修炼成仙的地方，以峰秀、林密、径幽、洞奇著称，有“天然氧吧”之美誉，享有“塞北道教第一山”之称。老君山群峰俊秀，怪石嶙峋，苍松劲树，四季常青。春季山花烂漫，馨香四溢；夏季翠绿可餐，清爽宜人；秋季红叶似火，热情奔放；冬季银装素裹，分外妖娆。新建的登山盘道，阶面平整，曲径通幽。数千级台阶周围老藤错落，鸟语百啭。山风乍起，松涛汹涌，啸声阵阵，不绝于耳。雨中登山，薄雾缭绕，风雨潇潇，如泣如诉，凭高远眺，醉若天仙。清理整修后的老君山溶洞，溶柱林立，景观别致，烛火通明，古香古色。太上老君是中国道教的创始人。传说太上老君在此修炼成仙，玉皇大帝亲临拜师迎驾，故老君山留有老君庙、玉皇殿等名胜景观。民间人士每年农历二月十五在此举办老君山庙会，敬天祈福。

话说公元前571年农历二月十五日，在世界的东方楚国苦县厉乡曲仁里，即现在的河南省鹿邑太清宫镇降生了一位伟人，他是空前绝后的大学问家。此人姓李，名耳，字伯阳，谥曰聃，人称老子。老子一生著述甚多，但流传至今的只有一篇五千多字的《道德经》。据说，后来被人尊称为大成至圣先师的孔老夫子曾经专门拜访过老子，向他请教过学问。由于老子道德深厚文章高雅，被世人奉为道德文章的楷模。所以，惊动了九重天上的那位唯我独尊的玉皇大帝。为使老子的道德文章能够流芳千古垂范万世，玉皇大帝特地颁下旨意，封老子为太上老君，负责执掌九重天上的太极星宫。玉皇大帝颁旨之后，便派出一朵五彩祥云前去人间传旨。此云摇摇曳曳飘落人间，直至老子家中。这时，老子年过八旬，阳寿已满，自知身在人间已是好景不长来日无多，但今后何去何从尚未得知，所以心中感到十分焦虑。当他看见一朵五彩祥云穿堂入室飘落在他的面前时，不觉得意地抚掌大笑道：“来得正好！我早就知道老身绝非命丧黄泉之辈，而是得道成仙之人。”说罢，老子便登上了五彩祥云。那五彩祥云背负着老子向九重天上飘然而去。飘过一重天，老子的身体就轻一分。等到飘过了九重天，老子已经变得身轻如云，法力无边，可以自行飞升了。于是，老子便向身下的五彩祥云重重地跺了一脚，大叫一声：“去吧！”随即老子对这朵五彩祥云说：“你去人间给我当个落脚的地方。虽然我现已升天为仙，但今后少不了要奉玉皇大帝旨意前往人间巡视的!”

这朵五彩祥云被老子施展法力,身不由己地向人间落去,恰好落在一座方圆数百公里的大山上。此山被当地人称为老君山。老君山上有一个太虚洞。据说,那个洞就是太上老君巡视人间时落脚的地方。

老君山

太上老君执掌太极星宫之后,勤于职守,不辞辛劳,受到玉皇大帝嘉奖。玉皇大帝亲自赏赐给他一对金童玉女,负责照料他的饮食起居。一日,太上老君带着金童玉女前往人间巡视已毕,正在太虚洞中的卧榻上休息,忽听金童玉女在洞外小声议论:

“金童哥,你不觉得在天上当神仙太孤单、太冷清了吗?”

“玉女妹所言极是。我早就有此感触。当神仙虽然衣食无忧,长生不老,可是却不像人间那样男欢女爱,亲亲热热!”

“咱俩如果能够投胎为人,到人间去玩一玩就好了!”

“咱俩如果投胎为人,我就是你的新郎官,你就是我的新娘子!”

“新郎官和新娘子是要在一起睡觉的。我可从来都没有和你一起睡过觉呀!”

“这有什么难的?咱们可以先演试一下嘛……”

太上老君听到这里,不由得勃然大怒。他起身喝道:“大胆!”

金童玉女说得正高兴,突然听到太上老君的怒吼,顿时吓得魂飞魄散,连忙来到太上老君面前双双跪下。

“你们身为神仙,却贪恋人间男女之情。你们知罪吗?”太上老君指着金童玉女厉声问道。

“知罪!我们触犯了天条!我们因年幼无知,一时糊涂,不慎犯下了如此大罪,还请太上老君饶恕我们吧!”金童玉女一面连连低头认罪,一面苦苦磕头求饶。

“不行!”太上老君无动于衷地说:“既是触犯了天条,就必须按照天律来处罚。否则,我还有什么脸面去拜见玉皇大帝,报答玉皇大帝的知遇之恩啊?”太上老君说到这儿,皱起眉头想了一下,接着说:“我这就把你们打落人间,投胎为人。不仅要让你们一生一世饱受痛苦,而且要让你们的罪孽祸及子孙。直至赎清罪孽,才能重返太极星宫!”

说罢,太上老君就用手中的竹杖在金童玉女头上各自打了一下。金童玉女顿时觉得自己被打没有了,变成了两道脱壳而出的幽魂,飘飘渺渺地落入了无边无际的黑暗之中。这正是:

偶因一句天宫怨,
换得两情到人间。
老君山中失遗孤,
上京城内惊命案。

金童被点化为石猿,玉女被点化为石天鹅,趴在老君山脚下的石头上。东周王朝图书馆馆长李耳先生,东出山海关到茫茫伏牛山腹地寻找归隐之地,就是从这里开始一步步跋山涉水,最终成就千古之师,道教始祖。

有诗为证:

腾云驾雾谈笑间,群峰伏首拜君山。
眼下万树风推浪,脚伴溪流鸟戏帆。
故事如歌曾化石,华年似水来求仙。
当知老子终何去?伏地为牛亦美谈。

双 乳 峰

孙洪彦

女娲散落化松峰，夸父林撑翳日蓬。
雾索江南云塞北，雨滴吹过大江东。

这首“松蓬连云”诗生动地描绘了松峰山（又称松花山）云锁山岫、雄浑壮观的景色。在它蜿蜒绵亘、莽莽苍苍的主体之上，有南北突起的两个小峰，从山的西面看它，很像一个仰卧袒胸的美女露出来的双乳，故称“南乳峰”和“北乳峰”，合称“双乳峰”。关于双乳峰的来历，还有一个美丽的传说呢。

双乳峰

在很久以前，中原有一个秀才名叫李世杰，他在《山海经》中看到“东北海之外……大荒之中，有山名曰不咸，有肃慎之国”时，对这个神秘国度产生了无限向往。于是，放弃考取功名，辞别亲人，独自来到不咸山下一个叫胡里改的地方。他略懂医术，就以上山采药、行医为生。

有一天，他早早收拾妥当，把快当剪子、快当锯装在椴树皮编的背筐里，带上索罗棍、鹿骨扦子、棒槌锁等挖参的工具，到“棒槌沟”去放山（到深山老林里去挖参）。中午时分，在一片向阳的山坡上发现了一个二层楼、六品叶的大“棒槌”（人参）。他急忙取出棒槌锁，拴在主茎上。当他拿起鹿骨扦子转身去挖的时候，忽然刮起一阵瘴气，朦胧中只见一道红线飞过，他知道“棒槌”已经逃走，就顺着山梁追去。他一口气追了十天十夜，终于在阿术浒（也叫按出虎，今阿什河）边的松花山上挖到了这支千年老山参。他认为这里是风水宝地，就留下来，这里的人管他叫“巴拉人”（外族人）。他心地善良，行医救人，用草药救了部落首领爱新觉罗的命，首领就把自己的姓氏赐给了他。从此，他深受当地那些以游牧、狩猎为生的部落人的喜欢和爱戴。

话说阿波卡（天）生有三弦女，大姐恩古伦、二姐正古伦、小妹佛库伦，三姐妹经常到不咸山东北的布库哩山下一处名叫布勒瑚里的湖泊里洗浴。这湖里有一个修炼成仙的乌龟精，看上了小妹佛库伦，就去提亲，阿波卡答应了这门婚事。可是小妹佛库伦根本就没有看上乌龟精，她哭了三天三夜，死去活来。大姐恩古伦心疼小妹，就出了个主意：“你如果实在不愿意，就下到人间吧，找个好人过日子。”“可是一时到哪里去找个好人呢？”佛库仑哽咽着说。“松花山下的巴拉人面目清秀，心地善良，你就嫁他吧。”小妹佛库仑无奈地点点头：“也只好如此了。”于是，她私自来到人间，幻化成完颜部的公主，嫁给了巴拉人李世杰，就在松花山下一个叫吉祥的小寨子定居下来。按照当地人的语言佛库仑管李世杰叫爱根（丈夫），李世杰管佛库仑叫赛刊赫赫（俊媳妇）。一年后她们生了个可爱的格格（女真语原泛指姑娘），用两个民族语音融合起名叫忽儿朵。很快，佛库伦又怀孕了。李秀才精心照顾妻子和女儿，他们一家人平淡而幸福地生活着。

光阴易逝，日月如梭。一转眼三年了，佛库伦仍然没有分娩，无论是中原的草药还是部落萨满的巫术全都无济于事。他们就在企盼和忐忑中一次次向上天祈祷，希望这个孩子早点降生。

农历三月十六这天，天气特别晴朗，太阳照得大地暖洋洋的。李秀才闲来无事，就在院子里哄着心爱的忽儿朵玩耍。“阿玛（父亲），讲讲你故乡的样子好吗？”忽儿朵撒娇地问。“那里很美，那里人的生活和咱们差别很大……”“他们好怪呦！”“哈哈，他们看咱们才是很怪很怪的呀”“咱们怪！怎么怪呀？”“忽儿朵，你记住了，咱们东北有十大怪。”李秀才用汉族话有辙有韵地朗诵起来：

窗户纸糊窗户外，四块瓦片头上盖。
烟囱砌在山墙外，草坯房子篱笆寨。
反穿皮袄毛朝外，十八姑娘叼烟袋。
百褶皮鞋脚上踹，大缸小缸腌酸菜。

火盆土炕烤爷太，养活孩子吊起来。

正说着，头上飘来一朵黑云，晌晴白日的霎时间天昏地暗。等云开雾散之后，寨子里一片哭声和叫骂声，好几家的格格都被糟蹋了。这种惨运一连十几天，寨子里人心惶惶，鸡犬不宁。

终于，有巴图鲁（也叫“拔都儿、八都鲁、巴特尔”，是“勇将”之意，后来成为清朝政府的一种荣誉封号）暗暗追踪黑云到松花山上的太虚洞，原来是一只松花蛇妖在作怪，他糟蹋妇女是采阴补阳来练功。愤怒的人们拿起弯刀、弓箭、棍棒等各种武器，找蛇妖算账。十几天下来，寨子里死伤好多人，蛇妖却越战越勇，变本加厉，所有的格格不算，就连中老年妇女也都被糟蹋了。看到这情形，佛库伦顾不得自己有孕在身和爱根的反对，决定与蛇妖交战，为民除害。她在松花山顶上与蛇妖斗法，交战了三天三夜，终于体力不支败下阵来。

这件事惊动了阿波卡，他心疼女儿，命令恩都力（神）助战。恩都力派长着美丽羽毛的神鸟嘎哈（乌鸦）衔一朱果送给佛库仑，她含在嘴里就会法力大增，神勇无比，一定会战胜蛇妖。哪曾想嘎哈凡心私动，却找不到合适的人选，早就对佛库伦的幸福羡慕、嫉妒，这下给了她报复的机会。她遂生歹意，给朱果施了法术，并且阴阳怪气地告诉佛库伦：“你吃了它就能战胜蛇妖，但是两个时辰后你就会变成石头。如果你不吃这朱果，就会被蛇妖打败，这些百姓就会继续遭殃。嘿嘿，你自己看着办吧！”遍体鳞伤、奄奄一息的佛库伦毅然地接过朱果，眼含热泪，深情地吻了吻爱根和女儿，嘱咐爱根要好好养大孩子。爱根和寨子的人们都哭喊着不让她吃朱果，可是没能拦住。佛库伦一口吞下朱果，顿时力气大增，她飞腾起来准备与蛇妖交战。猛然间腹内剧痛，产下一子，佛库伦给他起名叫布库里雍顺，李秀才给他起个汉族名字叫李满柱。这孩子落地便会说话，力大无比，帮助母亲大战蛇妖。

这下，更加激怒了松花蛇妖，他点燃了山林为自己助战。嘎哈也过来帮助蛇妖，布库里雍顺拿起阿玛挖参用的椴树皮编的背筐兜住她扔到火里，嘎哈羽毛顿时被烧焦，全身挂满木炭灰逃走了，从此再也没长出好看的羽毛来。布勒瑚里的神龟约班达玛发（猎神）来帮助佛库伦，神龟喷水浇灭了大火，班达玛发用额里贺（念珠）勒住蛇妖的脖子，佛库伦用上衣包住蛇妖，李秀才用索罗棍打碎了蛇妖的三角头，萨满和道士登上高台做法。老百姓一起上阵，他们用石块儿、棋盘、井盖儿、经书、大公鸡（传说鸡血辟邪）等一切能想到的、能用到的东西都砸向蛇妖，一起杀死了蛇精。当人们欢呼胜利的时候，佛库伦头朝东方僵硬地倒下，化成了石头。她倒下之际，望着自己心爱的爱根、忽儿朵和布库哩雍顺流下了依依不舍的眼泪，化成了汩汩流淌的不绝泉。

她的五官化成了北山并峙的五峰，奇石林立，相映成趣。

她的臀部化作小南山，在峰顶中央有两块光滑浑圆的巨大石块连在一起，夹缝处中间一个小碗口大小的泉眼，下连一道缝隙，清泉顺缝隙而下，活脱脱一个女神圣体的生命之源。

她的双腿并拢，中间的缝隙化成了一线天。神龟痛苦不已，抓住她的膝盖不放，化作石龟守护在一线天峰顶。

她的双乳高耸，化作南峰和北峰，充盈的乳汁汩汩流淌，汇聚成按出虎水，哺育了这一流域人们繁衍生息。

李秀才挖参用的椴树皮背筐化作背篓石，班达玛发的额里贺化作六十尊本命神（也叫60元辰神），萨满和道士做法的高台化作拜斗台，老百姓的武器化作了鸡冠峰、棋盘峰、天柱峰、黄经坛、飞来石等景观。

李秀才痛不欲生，日夜坐在山上守护着佛库伦，不吃不喝，年深日久化作一尊石猿。

民间为了纪念战胜蛇妖的重要事件，把每年的农历三月十六这天定为猎神节，过上定居生活之后，逐渐演变成山神节了。

人们称李秀才的儿子李满柱为天童，拥戴他为完颜部的首领。清太祖努尔哈赤是李满柱的六世孙，清太宗皇太极时便将女真改称满洲，取满柱的谐音，就是为了纪念这位先祖。

吊水壶的来历

周北平

吊水壶是金龙山景区之一，景区内森林茂密，山峰险峻。

说起吊水壶地名的来历，民间传说是现在的二龙泉下面200米处的地方，有一个似壶形的石砬子，在砬子中间有一块突起的石头向下微垂，酷似壶嘴。由于茂密的森林涵养的水分比较高，水流常年由石砬子经过突起向下微垂的石头往下淌。人们不论从哪个角度远看，都像一把水壶往外倒水一样，故人们把它称作吊水壶。吊水壶主峰山下有一处泉水流出，当地人将泉眼用石头砌好，这处泉眼在古县志的地图上有标志，上书吊水壶。远观吊水壶瀑布如飞帘挂壁，白练当空；近看垂珠溅玉，如烟似雾。夏日里四处飞溅的浪花，忽而白如飞雪，似锦帛飘逸；忽而五色缤纷，赛飞虹流萤。冬天如巨大结晶的冰川倒悬山崖，雪掩溪流沿冰缝间石壁冲下，树枝上形成层层雾凇，林中呈现一片玉树银花的壮美景象。民国年间吊水壶所在地归宾州府管辖。作为州府，总要有自己的景观。于是，当年的宾县政府组织达官贵人、文人骚客周游宾州府境内的大好河山，这些人挥毫泼墨吟诗作赋，总结出《宾州八景》。其中一景叫吊水观瀑，又称吊水冰壶，就是指现在的吊水壶。文人董春蕙为吊水观瀑作诗描绘其壮观景象：

形如匹练下钱塘，湖水奔腾泄碧冈。
莫道庐山观止境，此乡原不让他乡。

据说，吊水壶的泉水清澈甘甜，医治百病。山下的一户人家，老头卧床多年，儿子听说吊水壶的水可以强身健体，常去取水给父亲喝。经过长年累月的饮用，多年后，老头竟可以下地走路了。打这以后，山下的居民都喝这泉水。进山采山货、打柴、打猎经常在此饮水、歇息。

传说八九百年前，吊水壶旁住着一对金雕，常对饮水、歇息之人进行攻击。有个打猎能手得知后来到这里。他想了解金雕的习性，然后抓住并驯服它帮其狩猎。他在吊水壶旁高耸的岩壁上发现了一个金雕巢，他设法接近它。由于他的冒犯，金雕立刻发起攻击，在叽叽的尖利叫声中，金雕一次次向他俯冲，但每次他都敏捷地避开金雕的攻击。最后，金雕无可奈何，只好放弃攻击，盘旋着飞走了。于是，他在金雕巢对面的悬崖上建起观察点。

从观察中发现，金雕的巢穴很大，直径近两米，像个大盘子，主要由枯树枝堆集而成，内垫以细树枝、枯草、枯叶和羽毛等。一个成年的金雕翼展平均超过二三米，体长则可达一米，其腿爪上全部都有羽毛覆盖着，看上去仪表堂堂。它善于翱翔和滑翔，常在高空中一边盘旋，一边俯视地面寻找猎物，它以大中型的鸟类和小动物为食。金雕飞行快捷，它有机智灵活的捕猎方式。在搜索猎物时，金雕是不会快速飞行的，它们在空中缓慢盘旋。一旦发现猎物，它们便直冲而下，抓住猎物后便扇动双翅，疾若闪电般飞向天空。刚刚出窝的狼崽常常遭到金雕的袭击，待母狼赶来营救为时已晚。

观察中，猎人发现金雕巢中已经有两只浑身长满白色绒羽的幼雏，金雕每天都要飞出很远为幼雏寻食。久而久之，金雕就不再注意他。有一天，猎人换了一顶帽子，没想到此举又招来金雕的轮番攻击。他只好又换上原来的帽子，金雕才安然地飞去，金雕的这一举动引起猎人的兴趣。于是，他制作了一个假人，并为它穿上一身跟自己不同的衣服。猎人把假人背在背上走出来。金雕立刻又发现了这个新的攻击目标。这次金雕成功了，它抓起假人，飞到离巢不远的一片空地上，丢下假人便飞走了。原来，这片空地是金雕的“粮库”，那里还贮存着一些金雕没吃完的动物尸骨。

时间一天天过去，小金雕渐渐长大。一天，一只不安分的小金雕走出巢穴，一失足跌到巢下的山坡上。猎人赶忙前去搭救，捕食归来的金雕见状尾随而来。由于猎人怀中抱着它们的“爱子”，这次金雕并没有发起攻击。待猎人把小金雕放回巢中离去后，金雕才迫不及待地落到巢里。也许是金雕被猎人救其子的行为所感动，此后这只金雕对这位猎人不再防范，他外出打猎时经常会得到它的帮助。

一天，猎人外出狩猎，不幸遭遇群狼，猎人几经努力也无法摆脱困境。正在无计可施时，金雕以迅雷不及掩耳之势从天而降，牢牢地抓住头狼的脑袋，将利爪戳进头狼的颅内，并啄瞎其双眼，头狼当即丧命。然后金雕煽动着巨大的翅膀，又将一只狼击倒在地。其余的狼见状四处逃散，猎人得救了。

此后，金雕不再袭击来吊水壶取水、歇息的山民。人雕和谐共生。

狐 仙 堂

那国学

在红星湖的东南角，有一座不太高的山，其形状酷似从岸上要下水的巨龟。传说龟是老龙王的第八个儿子，所以人们叫它王八。它既然是老龙王的儿子，那肯定也是龙啊。于是，人们就将此山命名为龟龙山。在龟龙山的东侧的悬崖间有个狐仙洞，洞前有座狐仙堂。所以，又有的人管龟龙山也叫狐仙堂。围绕狐仙堂的故事还真不少。

在早年的鞑子营，有一个叫候炮手的猎人。他在赵吉山打围时，看见一只小狐狸被枷子夹住了一只前爪。小狐狸拼命往下拽爪子，但怎么也拽不下来，它看着候炮手吧嗒吧嗒掉眼泪。候炮手看小狐狸挺可怜的，就上前解开枷子放走了它。小狐狸提留着爪子费劲地蹦跶两下就站住了，回头看着炮手，它还在掉眼泪。候炮手一看它准是伤得很重，疼得不能走了，就把小狐狸抱回家。家里人给它糊药喂肉，还把黄瓜子碾碎了拌食给它吃，养活的可上心了。过了一段时间小狐狸的伤养好了，自己能走能蹽的可欢实了，炮手看了也挺高兴。可一寻思，这狐狸必定是山里的牲物，总在家里养着不行，就把小狐狸送到王家店东山上去了。怕它饿着还带一只小鸡给它吃。过了两年候炮手的老婆肺心病犯了，昏迷不醒，眼看就不行了，亲亲故故的都来了，准备着给老太太办后事。这天下晚黑界，小狐狸就给候炮手托个梦，让他第二天早上去王家店东边山洞前取药。炮手将信将疑，来到山洞前一看，真有三粒小药丸，他赶忙拿回去给老婆吃下，还别说，他老婆不大一会儿就坐起来了，病也好了。从这以后就传开了，都说王家店东山有狐仙能给人治病。

在阿城东郊的火烧蓝旗屯，屯里住着一个叫那兴的满族人，年轻的时候在东山里跑三行（皮货商），但他就是不收狐狸和黄壳子（黄鼠狼）的皮。有一天，他背着一麻袋皮子走累了，坐在狐仙洞下边的石头上，依着麻袋歇脚。不大一会儿他就睡着了，梦见一位青衣合帽的人，手里拿着两个大金元宝，和他说买皮子。这个人放下金元宝，皮子也没拿，转身就走了。急得那兴喊着就要给那人皮子，这一喊使他从梦中惊醒了，睁开眼睛转头瞅瞅，四外不见人影。心想这梦做得真真亮儿亮儿的，就好像是真事似的。他起身要扛麻袋，往起一拎麻袋背绳，见麻袋底下一沓子钱，他惊讶地“啊”了一声，然后东瞅瞅西望望，还是没看见人影。他伸手拿起钱仔细一瞧还是真钱，愣了一会神儿立刻明白了。他放下麻袋揣起钱，到狐仙洞前赶忙跪下连磕三个响头，还许下了愿。没过三天他雇马车拉着工具材料，请来工匠到狐仙洞前就修建了狐仙堂。木头结构两米来高的庙堂，还钉了栅栏，庙堂上方挂一块红色的横匾，匾上刻着四个刷红油的大字“有求必应”（此匾现在水库管理处办公室），门前摆放着石头刻的供桌和香炉。从山根儿到狐仙堂，还修筑了台阶。那兴修建完狐仙堂，又用余钱拴车买马置地，家里日子可就富起来了。

此后，十里八村的人有什么祈求或得了大病小灾的，都来狐仙堂祈祷、求药，狐仙堂香火不断。有个中年妇女牙疼得要命，用手按着脸在屋地来回走溜。忽然想起狐仙堂，就对她儿子说：“快上狐仙堂给妈讨点药去。”儿子怎敢怠慢，急忙用红布包个茶碗子去了，虔诚地烧香磕头祈祷后，打开茶碗往里一看，果然有一小捏像香灰的东西，拿家给他妈吃了，傍晚牙就不疼了，以后一直没犯。

就这样，狐仙堂狐仙显灵的传说越说越神、越传越广。每年的农历三月初三，狐仙堂那是人山人海呀，都来赶庙会，上香祈祷。凡是进山拉木材的、采山货的、取运石头的，都到狐仙堂上供烧香，求狐仙保佑平安。

山神贡品的缘由

卢文明

东北民间敬神仪式中不仅要焚香、跪拜，还要纳贡。所谓纳贡，就是要摆放贡品。在诸多种类的贡品中，有一样是必不可少的，那就是黑猪头，而且还必须是黑色公猪的猪头，其他颜色的公猪猪头不行，更不能是母猪的猪头。否则，就会像老百姓常说的那样："老母猪还愿俩不顶一个。"为什么必须敬黑公猪头呢？这是有缘由的。

传说，古时候有个大财主名叫张百忍，为人乐善好施，是方圆百里人尽皆知的大善人。凡是路过、到过他家里的人，哪怕是身无分文的穷人，他都管吃管住，还冬舍棉、夏舍单，不让一个人冻着、饿着。平时，谁有事求到他，他都热心帮忙。远近得过张百忍帮助的百姓，无一不夸他仁义善良，无一不念张大善人的好。人们纷纷到土地庙上香祷告，感谢土地爷为当地老百姓送来了一个大善人。土地爷闻听此事后，几次化身为要饭花子到张家查看，对张百忍行善之举甚为感动。于是上报到天庭，玉皇大帝听说后，不相信凡人能有如此善心，就决定派一个神仙下界，去打探一下这件事是真是假。那个被派下来的神仙下界后，化作一个云游和尚来到张家。和尚一到大门口，就大声直呼张百忍姓名说："我云游到此，要在你这里挂单百日。"张百忍听说有个和尚在大门口吵吵嚷嚷，叫着自己的名字，就赶紧出来。看见和尚马上笑脸相迎说："欢迎大师到我家里来，别说百日，就是千日也无妨。"于是吩咐家人在驿客站打扫床位让和尚住下来。这时和尚又说："我在这住是住，但我有特殊要求，我不能跟其他人一块儿住、一块儿吃，得单独住一个屋，饭也得单独做。"家人一听不高兴了，说："你这个和尚怎么这么多事，我们家主人待你如上宾，你来这不但直呼其名，还提出这么多条件，真是既无礼又无理。"张百忍赶忙制止家人说："不得胡言乱语，就按大师说的办。"为老和尚单独打扫了一个屋子，又单独垒了一个灶，每天三顿饭都按照老和尚的要求调样给做好，打发人端到桌上。话说这老和尚吃饭有个习惯，就是端来的饭菜吃的溜干净，盘子、碗、碟却不让人拿走涮洗，吃完就往地上摔，碎碗碴子也不让人收拾，一天三顿是顿顿如此。张百忍就像没看着一样，让家人买来了成车的盘子、碗、碟子，顿顿不落照常侍候着。一转眼，老和尚来张家快一百天了，屋里的碗碴子堆了一地，连下脚的地方都快没有了。第一百天上，这老和尚早早就起来了。吃完早饭，就跟送饭的伙计说，把你们家张老员外请到我屋里来，我有话要跟他说。张百忍听说老和尚有请，赶紧来到老和尚住的屋前，进屋一看，地上收拾得干干净净，满地的碎碗碴子被老和尚不知道用什么东西给粘在一块，做成了一个锃光瓦亮的磁床。老和尚见张百忍进来，双手合十向老员外搭了一躬说："我来你张家今天正好一百天，老员外仁义厚道，贫僧感佩之至，我要走了，无以为报，用这些碎碗碴子做了一张床，就当感谢你这么多天的照顾吧。要知道我这个床不是普通的床，它能治百病。不管是啥病，来我这个床上躺一躺，包你去病除根。另外，我再送你五把香，如果你遇上什么大灾大难了，就把这五把香在院子的四个角和中间同时点着，冲东南方向大喊三声'有难'，就会有人来搭救你。切记！切记。"说完告辞而别。

张百忍送走老和尚以后，心里将信将疑。恰巧几天前有个伙计干活时摔断了腿，还在将养当中，就让人搀过来到床上躺一下。说来神奇，这人躺了一会儿，下地就能走能撂了。这下一传十、十传百，就传开了。远近州县的百姓听说后，前来看病的络绎不绝，一看一个好。当地有个贪官，可能是坏事做多了，得了一个怪病，耳朵流脓，头顶生疮，到处求医问药也没治好。听说张家有能治百病的磁床，就前来医治，一下子就治好了。这家伙不愧是贪官，病是治好了却打起了床的主意。几次差人到张家打算把床搬走，可根本就搬不走。想来想去只能把张家的宅子霸占了才能把这张床弄到自己手里。一天晚上，贪官召集手下人商量，明天派兵把张家围了，给张员外安个罪名，然后把张家宅子收到自己的名下。这事被贪官家里一个端水的丫头听到了。这丫头一家没少得到张百忍的救济，父亲、哥哥有病都是张家免费给治好的。恩人现在要遭人陷害，不能坐视不管啊！就赶在天亮之前跑到张百忍家送信。张百忍听到这个消息以后，心想咱老百姓哪斗得过官府呀，惹不起躲得起，就吩咐家人收拾东西准备逃难。正拾掇着呢，就有人来禀报，说官府的兵来了把四面都围上了，现在就是想跑也跑不了了。张员外急得仰天叹道："我一辈子行善积德，怎么能落得这样的下场呢。"忽然，他想起当年老和尚走时交代的话。赶紧把和尚留下来的五把香找出来，点着后向着东南方向大喊了三声"有难"。刚喊完，就见那五把香火头一齐变成了五个绳套，又见从天上降下五个钩子，钩住这五个绳套连房子带地，还有鸡鸭鹅狗猪就都升到天上去了。人们常说的一人得道鸡犬升天，大概就是如此。到天上后，张百忍让老伴查看一下有什么东西落下没有。媳妇清点完后说："只有一头黑跑栏儿（公猪）天没亮放出去了没带上来。"后来凡间的人们念念不忘张百忍，有灾有难就摆放贡品求张大善人救助。因张家遗落人间一头黑公猪，求助的人就祭献黑猪，每每都很灵验。于是，敬黑猪、献猪头的习俗就流传至今。

天柱峰与海东青

韩晓华

女真族生活在白山黑水之间,以狩猎为生。名叫海东青的神鹰,是他们狩猎中得力的助手。那时候,辽国的官员总来女真部落索要海东青,女真人又气又恨,但面对强势的辽国人,女真人一时还没有勇气反抗。

有一天,辽国的官员又来到女真部落索要海东青。女真领袖完颜阿骨打被逼无奈,怒火中烧,召开部落大会,他说:“我们的海东青是神鹰,不能再送给辽国了,辽国再欺负我们,我们就反抗。”于是,女真人向辽国发出战书。

女真人征战出发前,向供奉的海东青跪拜,祈求美丽勇猛的神鹰海东青赐予他们力量。

海东青

战场上,女真人笨拙的弓箭抵不过契丹人的石弩。女真人连退一百多里,不得不进入大山深处,契丹人穷追不舍。茂密的森林,高高的大山,两军打起了埋伏战。攀上高峰,完颜阿骨打仰天长啸,难道我女真民族就要灭亡了?! 不免有些悲壮。这时,天空中飞来上万只神鹰,大有遮天蔽日之势,领头的海东青展开宽大的翅膀,在完颜阿骨打的头上盘旋,大声鸣叫后,带领神鹰扑向契丹人的部队,把契丹人统统消灭。

这只领头的海东青又盘旋回来,落在了完颜阿骨打身边的一块石头上,完颜阿骨打还没有缓过神来,海东青却低下了头,死了。完颜阿骨打双手捧起海东青,大叫:"我的神鹰啊,你是累死的呀!"这时,天空雷电大作,山石聚集,层层叠叠,托举着海东青缓缓升起变成一根擎天柱,这就是后来人们所见的金龙山上的天柱峰。

完颜阿骨打带领女真部落向天柱峰和海东青三拜九叩,然后冲下山去。完颜阿骨打率领女真人建立了大金国,定都会宁。每到山神节的时候,他都会带领部落的贵族到吊水壶山里,来祭拜天柱峰和海东青。后来,海东青成为女真人顶礼膜拜的图腾。

训鹰

天柱峰

九 龙 岩

关伯阳

在横头山上耸立着九座山峰，其来历充满神奇。自从辽道宗耶律洪基让萨满带领辽兵封堵龙泉，未果之后，辽朝日渐衰败，民不聊生，怨声载道。

九龙岩

天神恩都哩将凡间情况禀报玉帝，玉帝大怒，旨意废除辽国，始建金国，并确定有十位皇帝执掌金国朝政。玉帝命天神恩都哩带十粒石子和撒石时的咒语，速速前往人间，确定十位真龙天子的立身之地。天神恩都哩领命，不敢怠慢，他来不及更换朝服，将十粒石子放于袍袖之中，走出天庭。哮天犬听说恩都哩要去人间，执意相随，恩都哩不好推辞，和哮天犬驾起祥云离开天庭。

天神恩都哩知道横头山有龙脉，所以直奔横头山而来。他们来到横头山上空，收住云头。天神恩都哩对横头山情有独钟，他很喜欢这块让他眷恋的土地和山峦，决定将这里定为金国的肇兴之地。哮天犬第一次下凡，看什么都是新鲜的，特别是见到横头山的秀美山川，更是乐得手舞足蹈。

天神恩都哩小心翼翼地从袍袖中取出石子，念动咒语，将石子撒向横头山，只见金光四射，地动山摇，那小小的石子竟然变成了一座座山峰，立于横头山上。见此情景，天神恩都哩和哮天犬都很震惊。他们细数山峰，只有九座，再摸袖中，遗漏一粒，恩都哩恨自己的疏忽，正欲将石子撒下，却被哮天犬抢去抛下，因为没有念咒语，此粒石子无声无息落下变成一些小块顽石，散落在横头山上。后来大金国兴，开国皇帝完颜阿骨打夺取得了大辽江山，定都阿城金上京会宁府。果然出了九个真龙天子和一个半日皇帝。所说半日皇帝就是完颜承麟。金天兴三年正月初九夜，蒙宋联军铁木真率军围城，大金国皇帝哀宗完颜守绪自知已经无力回天，可是又不想留个千古骂名。于是，急召百官议事，决定将皇位传给完颜承麟，他说自己因为身宽丰盈，不便突围，你一旦突围成功，就保住了大金的江山。守绪帝故授玉玺给承麟，完颜承麟无奈，只得默许。第二天一早举行受诏仪式，仪式刚刚开始，蒙宋联军已如潮水般攻了进来。守绪帝将玉玺交承麟后，逃到幽兰轩自缢而死。末帝完颜承麟突围未成，死在乱军之中。至此完颜承麟在位不足一个时辰，故此他不是真龙，只有前九位皇帝才是真龙天子。所以，横头山上的九座山峰，是大金国九位皇帝的化身，故称这九座山峰为“九龙岩”，而那散落在山野间的碎石，也许就是那半日皇帝的化身了。

望 参 石

宋德胤

在很早以前,有一个打柴的青年,叫赵福。有一天他攀上馒头山去打柴,干了一阵子,累了,他便坐在一块大石头上想歇口气,一坐下便听见棒槌鸟叫:“王镐哥哥!王镐哥哥!”

赵福随着棒槌鸟的叫声往镜泊湖中一看,湖水红了,他觉得很奇怪,细一看,满湖是红花。这红花原来是对岸老黑山上的花映到湖中来的。这是什么花呢?他想了想,突然惊叫起来:“哎呀,这不是人参花吗!”

赵福家里有个八十岁的老额娘,身体很不好,病倒在炕上,家里穷,没钱给额娘治病。赵福想,我要是能挖到一棵人参有多好,给我老额娘补补身子治治病。想到这里,他就看着湖中的人参花说:“人参花,红彤彤,不知长在哪山中,能得一棵用一用,给我额娘治治病!”

他说完这番话,眼前的人参花更红了,微风吹过来,飘来一阵花香,突然,花丛向两旁分开,一个姑娘站在花丛中,这姑娘穿着雪白雪白的上衣,鲜红鲜红的罗裙,头上戴着朵人参花,笑眯眯地看着赵福。

赵福想,这是参姑娘了,我向她要棵人参吧。便说:“参姑娘,我额娘病在床上,给我一棵人参吧,给我母亲治治病。”

只见参姑娘点点头,向他招一招手。赵福迎着参姑娘便跑下山去,下山一看,参姑娘站在湖对岸,还看着他笑呢。于是赵福便朝着参姑娘下了湖。说也怪,这湖里就像平地一样,他鞋都没湿,便跑到了湖对岸。到了湖西岸,抬头一看,人参花不见了,参姑娘也不见了,出现在他面前的是岩石和树木。

赵福想,到哪里去找参姑娘呢?他攀上了老黑山,放眼望去,眼前是莽莽的青山,侧耳听听,耳边是一片林涛声。他想刚才可能是眼睛看花了,在这大山里,到哪里去找参姑娘呢?他转过身来想往回走,没走几步,忽然又听到棒槌鸟叫:“王镐哥哥!王镐哥哥!”

有棒槌鸟叫就有人参啊!赵福停住了脚步,四下一看,见这个山坡草木长得格外翠绿,在一棵大树旁,他忽然见到一片红,跑过去一看,哎呀!是一片人参!

赵福在这片人参中挖了一棵,双手捧着就回家了,他很感激参姑娘。

这棵人参治好了赵福老额娘的病,他得到人参的事也就传开了。

赵福家隔壁的老二,听了很眼馋,他额娘虽然已经去世了,但是他想得到一棵人参发笔财。于是跑过来问清楚了得到人参的过程，便也来到了馒头山，找到了那块大石头，坐在石头上，就往湖里看。啊，湖水红了，满湖插着人参花。老二也学赵福的话："人参花，红彤彤，不知长在哪山中，得到一棵用一用，给我母亲治治病！"

说完这句话，就见人参花更红了，微风吹过来，飘来一阵阵花香。突然，花丛向两旁分开，一个姑娘站在花丛中，这姑娘穿着雪白雪白的上衣，鲜红鲜红的罗裙，头上戴着一朵人参花，笑眯眯地看着他。

"参姑娘，我母亲病在床上，给我一棵人参吧，回家给我额娘治治病！"

就见参姑娘点点头，向他招一招手。老二迎着参姑娘便跑下了山。他边跑边想这参姑娘长的真漂亮，我可不能像赵福那样傻，要一棵，就只挖一棵。等见到人参时，我都给它挖出来，那最大的人参准是这参姑娘了。我把她挖回来，让她给我做媳妇！

他越想越美，跑下山坡来到了湖边，举目一望，湖里，人参花不见了；对岸，参姑娘不见了。老二想，赵福说他是望着对岸下的湖，湖里就像平地似的，到了对岸他的鞋都没湿。我也望着对岸下湖吧。他往湖中一跑，咚的一声便跃进了湖中，老二挣扎了一阵，便沉到湖底去了。

打这以后，人参花开时，人们来到馒头山上的那块石头上，还能看到彩霞一般的人参花，映得湖水红彤彤的。但是，参姑娘再也不露面了。

因为站在这块石头上能看见映到湖中的人参花，人们就把这块石头叫做望参石。

老　黑　山

张文彬

从前,老地界有这么娘俩过日子。老太太年轻守寡,儿子小名儿叫驴子。

这小子从小没爹,他妈把他当成眼珠似的,要星星不敢给月亮,说一不二。长大了也不务正业,输耍不成人,驴行霸道的。

老太太手巧,挺勤俭。每天织布纺线,缝连补绽,日子过得很艰难。有一口顺口儿的东西,也舍不得往自个儿嘴里搁。真是吃虱子落不下大腿儿,就连邻居给送点儿啥样儿的,都给儿子留着吃。

这天,老太太身上有点儿不自在。早饭也没吃,拿个枕头在炕头上倒着。东屋大婶给送来一碗荞麦面饺子,非让老太太赶热尝尝不可。这要倒退几年,她说啥也不能往嘴里搁。可是,人一到岁数,嘴就有点儿"罕见"(好吃的意思)。俗话说"老小孩,小小孩"嘛,一点儿也不假。再加上今儿个不舒坦,嘴里没味儿,寻思尝一个就尝一个呗,送来多少他又不知道,怕啥?谁知吃麻嘴了,一碗饺子,尝个溜净。空碗也没涮,就迷迷糊糊睡着了。

驴子耍钱输了,心里本来就不痛快。进屋一看,炕沿上有个碗,碗底儿还有油珠儿。心想:"一定是这老帮子馋了,在家偷着做好吃的啦。吃饱喝足还烀上猪头了,这还得了?"火呼呼地直撞脑门子,蹦到炕上,提溜疙瘩髻儿就把他妈从炕上拽起来了。老太太吓得愣眉愣眼,连说:"这孩子,真能撒贱儿。快别闹!"他上去啪嚓就是一个大耳擂子,骂骂咧咧地说:"谁他妈跟你闹呢?老子这是跟你动真格的呢。来!别偏坠!"说着,在另一边嘴巴子上,又是一个大脖撸儿。这两巴掌打得她眼冒金花,嘴角流血,槽牙丢了俩。一琢磨,准是他在外边输钱了,回来拿她撒气来了。养活儿子,养活儿子,打两下出出气,别憋屈坏了比啥都强。谁知打两下他的气不但没消,反倒更大了。问她:"你这欠揍的馋娘们儿,老子不在家,你敢偷嘴吃?真是老猫不在家,耗子上房了!"让他这顿数叨,她还没醒过腔来,双手捂着火辣辣的脸蛋子说:"我?我没有……"驴子气呼呼地说:"你还敢嘴硬,我非宰了你,看看你肚子里不可!"她还是不知是哪条线儿,两只眼睛怔呵呵地瞅着儿子,不知咋回答好。驴子把炕沿上的那只空碗拿起来,伸到她鼻子底下,恶狠狠地问:"这是啥?这碗底儿上的油珠儿是哪儿来的?""噢!"老太太松了口气,说:"你说这个呀?"驴子问:"哪儿来的?快说!"她这回也不那么害怕了,从从容容地照本实发了。以为说破无毒,儿子就不会怪她了。

谁知道这小子听说以后，反倒更翻儿了："连别人送点东西你都敢动，可真是无法无天了。你等着，这回不宰你，惯你下回！"说着，抄起菜刀就哧楞哧楞磨起来了。他把刀磨得飞儿飞儿的，扔下刀，狠狠瞪他妈一眼，出去找饭儿吃去了。老太太吓得都不会动弹了，一泡尿都撒在了裤子里。东屋大婶听听这屋没动静了，过来看看她。她鼻涕一把泪一把地埋怨说："他大婶子，我说不吃，你非让我尝尝，这回可倒好，你几个饺子送我忤逆了。"东屋大婶忙劝她："大嫂，别往心里去。他大兄弟不过是说句气话，哪能真杀你呢！"老太太说："那小子，一小让我惯坏了，说干就干得出来。唉！俗话说'惯子如杀子'，这话儿一点也不假。"东屋大婶说："真格的了，儿子再牲口也不能宰他妈呀。"老太太哭丧着脸子说："那小子驴性霸道的，还有准？唉！现在说啥都晚了。"东屋大婶可真犯难为了，这小子要真因为几个饺子杀他妈，我还真不能见死不救，谁让我多事儿了呢？她认真琢磨了半天，冲老太太说："不怕的，今晚上你就躲在我那屋别出来，保险你没事儿。"老太太半信半疑地说："那……能行吗？他回来找不着我，再连累你。"东屋大婶来气儿了："看把你吓得这个熊样儿，你怕他，我可不怕。我不信他敢上我那屋儿翻去。要听我的，你就甭管了。要是不听，等会儿杀你、剐你我也就不管了。"老太太还没活够，只得躲到东屋去了。大婶把她的破被捂好了，里头楦捆柴禾，像躺个人睡觉似的。把给老头子打酒的干猪尿脬装满了水，搁葫芦瓢扣到枕头上，冷眼一看真像是卸了顶的老太秃儿在睡觉呢。东屋大婶摆置完了，又仔细端详了一会儿，把被头往上拽拽掖掖，觉得没啥破绽了，才回自己屋里去。

驴子半夜前儿，喝得醉么哈儿的，离拉歪斜地造回来了。进屋摸起菜刀，嘴里叨啦其咕地说："反正你这老家伙心里也没我。我不怪你狠，你也别怨我毒。咱们是前世冤家，今生对头，该着是这么档子事儿！"说着，掀开他妈的被窝一看，溜光锃亮的大秃盖子，明晃晃的，他一看气儿就不打一处来。照准称儿的，咔嚓一刀，哗一声，脑瓜浆子淌一炕。冷丁听有人喊一嗓子："驴子杀他妈啦！"吓得这小子酒也醒了，扔了菜刀，抬脚就跑。一蹶子蹽到了五大连池，安了家。

东屋大婶儿搀着老太太过来一看：葫芦瓢半儿了，猪尿脬坏了，水洒了一炕，被窝里精湿。老太太伤心地好顿哭，哭完了，也痛快了。寻思以后少张嘴，丢个累赘，说不定还能过好呢。这么一想，心更敞亮了。亮天把被拿出去晾干了，病也好了，一个人省心落意儿的过起日子来了。老太太贪黑起早，越过越心盛。不到五年的光景，两间小房也翻盖了，还攒了几个钱儿。可有一宗，谁也别问她儿子。一问，她就赌气地说，死了，再不就说，压根就没儿子，就是一个老孤老棒子。

驴子来到五大连池落脚，生活上没有妈给他挣了。手头没钱，坑蒙拐骗，啥不光彩的事都干。不知底细的，一时半会儿还真看不透。光看这小伙儿，也不出大力，穿得溜光水滑儿，往人前一站，小嘴叭叭地，死人也能让他说得翻个身。常言说"好马出在腿上，好人出在嘴上"，不少人让他给摩挲住了，以为他真有啥能耐。有瞎眼睛的，真就把姑娘给他了。成家那天晚上，媳妇问他家里都有啥人，他说啥人也没有，就他老哥儿一个。背着媳妇，还干他那输耍落道嫖、坑蒙拐骗偷的旧营生。糊弄媳妇说自个儿是混事儿的。谱儿还不少呢，每天回来得媳妇远接近送、牵马坠镫、摘帽子脱鞋。他就像不会动弹似的，饭来张口，水来伸手。现在都有两个孩子了，还是这样儿。一样侍候不到就"鸡粪"味。一天到晚，把媳妇累得哭叽叽的，冲他发狠地说："我侍候两个孩子，还得侍候你，你是成心累死我呀？再这么的，你雇个老妈子来呀！"说真格的，他不是不心疼媳妇，要雇老妈子也不那么容易。自己动手吧，一小吃现成的吃惯了，"青山易改，禀性难移"嘛。有一天，他在腰池子边上的鱼市儿，遇着个老乡。都说"老乡见老乡，两眼泪汪汪"。一唠扯，才知道老妈不但没死，日子过得还挺好，趁点儿"货"儿。想接出来，可是结婚的时候自个儿亲口说的啥人没有，冷不丁蹦出个妈来，媳妇要是怪罪下来，咋交待？正赶上这天，他媳妇累急了，又提起雇老妈子的话儿来了。他灵机一动，当时就满口答应："好说！赶明儿个有空儿，我回趟家，家里有点产业折卖折卖，顺便雇个老妈子来，好侍候你。"媳妇听了挺乐，立逼仗下，第二天就让他回去接老妈子。

这小子骑着高头大马，穿得缎棍儿似的，赶上状元官儿了，围着屯子逛三圈儿，才进家，左邻右舍的婶子大娘、叔叔大爷、老少爷们儿，听说他在外边发了洋财，都来看他。挤挤插插，造得可屋子是人。东屋大婶经意儿逗他："驴子，这回发财了，该接你妈出去享几天福了。"他更能绺杆儿爬："那可不。我从小没爹，我妈摈着掖着拉巴我一回，不容易。过去我年轻不懂事，跟我没少遭罪。现在，我也长大成人，成家立业了。古语说'不当家不知柴米贵，不养儿不知父母恩'，这回我都明白了，哪能还眼瞅着我妈自个儿单过不管呢？接我那儿去，虽说享不了大福，也没啥罪遭的。有儿媳妇侍候着总比自个不动弹就吃不到嘴强。"一听人家这话说的入情入理，都夸："你看人家这孩子，他妈是怎么养活的。别瞅一小惯的不像样儿，大了真知道疼他妈。浪子回头金不换，好样的。"

俗话说"知其子者，莫过其母。"老太太可没这么想，他一撅尾巴屙几个粪蛋儿都知道。是狗改不了吃屎，说不上又使啥花花肠儿呢。百般不去，说五年前儿子得暴病死了，自个儿不是他妈。大伙儿都知根知底，没人信他的。驴子一看接不去老妈子，连点家产也擎受不着。回家一趟白熬毛，回去咋跟媳妇交代呀。他请来了七大姑、八大姨、烂眼子二舅母当说和人，一顿善说六国，饶这么的，老太太也没活心。他一看到裉劲儿了，当着大伙儿扑通一声直溜跪着，鼻涕一把、眼泪一把，起誓发愿地，说他妈不去，他就跪到钉糟木烂。大伙儿一看这是诚心诚意，就一劲儿撺弄老太太去。老话儿说"天底下只有不孝顺的儿女，没有不'孝顺'的爹娘"，他这一跪，老太太心疼得受不了啦，抱着驴子脑袋放声大哭。大伙一看，妥，严霜出毒日，雨过天放晴。火候到了，就张罗给卖房子，收拾东西。这一去兴许就再见不着了，各家轮流儿请吃饭。临走那天，乡亲们送到屯子头上，驴子装得贼像，自个背包掳伞，把老妈拥到马上，他牵着马，那个孝心劲儿就别提了。谁不说老太太年轻守寡没白守。

老来福，老来福，老了享福才是福呢。

娘俩信马由缰往前走着，老太太心里也挺高兴，人要出息一时，看他一小驴豁豁那样，十三那年，不知受谁的调理，从外边回来非要踢她妈一百个腚瓜儿不可。不让踢就要熊，没招儿了，就得央告他轻点踢。有一天，她正撅屁股吹火，驴子从外边进来，当就是一脚。灶坑门小，要是大点非得“卷”灶坑里去不结……出去才五年，真是山神爷没在家，出息个暴(豹)。老太太正美呢，就听驴子嗷唠一嗓子：“老帮壳！还不给我滚下来！”她一时还没反过磨儿来：“驴子，你叫谁呢？”驴子上去扯腿就把她从马身上拽下来，说：“我说别人能对得起你吗？装什么蒜？”她这才知道又上当了，也挺来气：“我过得好好的，你死乞白赖把我弄出来，想干啥？”驴子说：“使唤使唤你，干啥？你寻思你在一边拉躲清静儿啦？还有那好事儿！”老太太有点纳闷儿了：“你有媳妇儿了，缝缝补补，做饭打食也用不着我了。”“谁说用不着你了？这回就不是我一个人儿了，我老婆、孩子都等你去侍候呢。”驴子说。“我是你妈，还是你雇的老妈子？”老太太越听越不像话，顶了他一句。这句话还把驴子说乐了：“光棍一点就透，眼子棒打不回。还是明白人好说话。从现在起，你就不是我妈了。”

“那你管我叫啥呢？”

“我管你叫老灰。你管我叫大爷，管我家里的叫大奶，管我儿子叫少爷。听着没有？”

“听着啦。”

“到家以后，不管我屋里的咋盘问你，咱们家的根底儿，你牙丝口缝不兴欠。你要说露兜啦，我整死你！我告诉你，每天早晨起来倒尿盆子，扒灰点火，做饭打食，烧茶燎水，洗衣裳，哄孩子，晚上铺床捂被都是你的事。记住没有？”

“记住了。”

“还有，吃完饭，你赶紧备马，牵到门口，跪地下说：‘请大爷上马！’我跐你肩膀头上马。我回来，你听马的串铃一响，就得接出去，还得跪下说：‘请大爷下马！’我再跐你肩膀头子下来。我一进屋，你把帽子、大衣接过去，我上炕，你麻溜给脱鞋。吐痰，你麻溜拿痰盂儿。”

“是，大爷！”

“现在就演习演习。跪下！往眼前儿点，马不稀得踢你，怪惜命的。说：‘请大爷上马’！”

“请大爷上马。”

“记住了。下回差一点，看我不扒你的皮！”

他把大包小包都给老太太背上，在前边儿给他牵着马。他骑在马上洋洋得意。走了一个来月，这天到家了，他媳妇儿正盼呢，听马铃铛一响，离老远就跑出来接他。刚要伸手接马缰绳，就听驴子说：“老灰，给你大奶磕头！”老太太跪下梆梆梆就磕仨头：“以后请大奶奶多照应。”媳妇伸手搀她：“你老这么大岁数了，快起来！”老太太哪敢起来，爬到马跟前儿低着脑袋说：“请大爷下马！”他这才蹬着他妈的肩膀子从马上下来，把缰绳扔给她，让她在外头遛马，遛完了喂上。他拉着他媳妇的手进屋去了。他妈把马遛完、饮好，才拴到槽上，拌上草，这才进屋。媳妇说："你叫啥呀?"他接过去说："叫老灰。"媳妇说："大老远的，快上炕歇歇，我去做饭去。"他一把拽住她说："我刚回来，也不说陪我唠会儿嗑，忙活啥? 不是给你雇回来老妈子了吗?"媳妇说："那么大岁数，怪累的。"他撇撇嘴："看这样你就老赶了。不信你问问老灰，走道累还是骑马累?"他媳妇说："看这样，你就没出过门儿。老灰，你说骑马累，还是走道儿累?"她只得说："还是大爷累。"他得意地跟他媳妇说："你看咋样?"掉过脸对他妈说："你不累，还不赶紧做饭去!"

打那天以后，他妈变成了老灰。成天奴打奴做，买米买面，买柴买炭，挑水卧担，抱孩子做饭，扒葱捣蒜，挎筐捡鸡蛋，缝缝补绽，洗洗涮涮，喂马垫圈，吃的残汤剩饭，穿的披一片挂一片，净干些下三烂。稍不对心思，举手就打，张口就骂。又恢复了踢一百个腚瓜儿的老规矩。讲好了早晨三十三，晌午三十三，下晚儿三十三，那一个说不定啥时候，随时补上。成总儿的好挨，这个零儿可不好受，不管他妈干啥，抽冷子就是一窝心脚，不闹个仰巴叉，也得弄个狗呔蜜。一年多的工夫，就把老太太折腾得不像人样儿。她怨自己命苦，没人时候没少哭。

有一天，她领着两个小孙子在大门街玩儿，小崽子也学他爹的样，让他奶奶趴下给他当马骑。正好邻居家老母猪，领十来个小猪羔儿，拱土堆找食儿吃。她又想起了自个儿年轻轻守寡，守着儿子长大了寻思享几天福。谁知现在倒遭罪了。打个唉声，顺口说："老母猪，一身黑。你养十子拱土堆，我养驴子管我叫老灰。"碰巧让儿媳妇听见了，就问她："老灰，你说啥?"老太太回头一看是儿媳妇，吓一哆嗦。忙不迭地说："我啥也没说。"

"不对! 我都听见啦。"

"我的大奶奶，我真啥也没说。糊弄人都是小狗子的。"

小孩不会撒谎，接过去说："你说:老母猪黑。拱土堆。还说你叫老灰。"

儿媳妇当时就把脸撂下了："好人死在证人手，你听见没有? 今儿个，你要是小孩弹琉琉，照直蹦儿，咱们啥说没有。你要敢撒一句谎，等你大爷回来，我非告诉他掐死你不结。"

老太太知道，这算没好儿了。噗噔儿一声就给媳妇跪下了："大奶奶，你行好积德，可千万别告诉大爷呀。要告诉他，我这条老命就没了。你全仗买雀儿放生，积阴功啦。我给你磕头!"

"你要照本实发，我就不告诉；你要瞒头盖脚，我非告诉不可。"

老太太一看，想瞒也瞒不住了。该着这么死，想躲也躲不过少去。想到这，她倒不害怕了。就把怎么来怎么去，一五一十都跟儿媳妇一边哭一边说了。一点儿没落，心里也痛快了："就这么个事儿，等你男人回来，你就告诉他去吧。"

儿媳妇儿也哭了，说："你要早说你是我老婆婆，吓死我也不敢这么支使你呀。"

"干点活儿我倒不打怵，这一辈子净干活来，就是罪遭不起。有那份孝心，你就让他先免了每天这一百个腚瓜儿吧。”

“妈,你放心。从现在起,咱们倒换班儿,我侍候你。”

“那我可担待不起,别折寿死我。”

“那有啥,谁不养大豢小?养儿防老嘛!走,进屋去。”说着来搀婆婆,她还以为媳妇儿也像儿子似的,笑里藏刀,要变着法整治她。吓得老脸煞白,直往后捎,嘴里说:“你可饶了我吧!”媳妇硬是扯膀子把她捞屋里去了。把她推到炕上,给她脱了鞋,说:“这些天把你老苛待坏了。想吃啥,告诉我,我这就给你做去。”

“可别麻烦了,我啥也不想吃。”想起吃了那儿个荞面饺子,脑瓜子好悬没开瓢儿,多咱寻思多咱后怕。媳妇儿也不听她的,到外屋地下叮当剁完馅子,就和面包饺子。做好了,端上来,逼老婆婆吃。老婆婆感激得噼哩啪啦掉眼泪,先给孙子夹碗里,让孙子吃。媳妇儿乒乓两撇子把俩小嘎扇桌子底下去了:“根不正,苗不正,结的葫芦歪歪腚,没好揍儿。你们牙长齐了吗,你们吃?”俩小孩一人捂着半拉腮帮子哭。

叮零当啷,外边马铃铛响了。吓得老太太急忙找鞋下地,让媳妇儿一把按住了,说:“今儿个不兴你动,老实儿在炕上待着。”“哎呀!那哪行啊?”老太太筛上糠了。

她知道婆婆让男人打酥骨啦,见他就麻爪。吓唬她说:“反正现在出去也晚了,他还能轻饶你。快躺下,我就说你病了。官儿不踩病人!”说着把婆婆按倒炕头上,拽床被就给她捂身上了。驴子早在外边急眼了,破哧拉声地喊:“老灰!老灰!大爷回来了。”“哎——”媳妇儿答应一声,往外走。驴子一看他媳妇出来了,心疼地说:“你出来干啥?老灰呢?”

“老灰病了。”

“不是他妈的装病啊?”

“不能。”

“大意失荆州。人老奸,马老滑,兔子老了也难拿。这老家伙,除了我别人还摆弄不了呢。”

“有没有病我还看不出来?”

“啥病?”

“窝子病。”

“我麻溜地把她捞出去,省着招上别人。”

“你一捞她,招上你,你死了我咋整?”

“孩子呢?”

“让我送他姥家去了。你也别进去了。”

“我还没吃饭呢。”

“走!我跟你下馆子去。”

“老夹杆子死了臭块地,我不心疼。可是,谁侍候你呀?”

“再雇个老妈子呗。”

“雇？说的轻巧，上哪儿雇去？"

“你这个在哪儿雇的？”

“这个是我妈……”

“你说啥？老灰是你妈？”

“谁说的？老帮子说的？”

“你自个儿刚说完，就不认账儿啦？”

“我那是说走嘴了。”

正好来到衙门门口，媳妇儿摸过鼓槌擂鼓。驴子说：“你不说跟我下馆子去吗？把我领这来干啥？”

“这不但管吃，还管住呢。”媳妇把他拽到堂上，送了忤逆。大老爷把媳妇好顿夸，当堂赏了她一百两银子，让她回家好好孝敬婆婆。

驴子开刀问斩那天，看热闹的围得人山人海、风雨不透。媳妇儿搀着婆婆也来了。看儿子眼看要挨刀，心疼得哭起来了。驴子说：“妈，你别伤心。我现在也知道我过去做得不对，可也晚了。一小你但凡要管管我，也不致到今天这个份儿上。反正我也要死了，让我吃口干巴咂儿吧。”老太太解开怀儿，递到他嘴里，冷不防他吭哧一口把咂咂头给咬下来了。老太太当时就疼昏过去了。刽子手一刀把他脑袋削下来，他媳妇把老太太抱到一边，要扒开驴子心看看，跟别人一样不？县大老爷点头答应了。

她把驴子心掏出来一看，漆黑，心嘴儿烂个大窟窿。她顺手撇到一边去了。忽然，狂风大作，飞沙走石满天飞，打得大伙儿抱着脑袋往家蹽。

风，一连刮了三天三宿。风住了，大伙儿出来一看，就见行刑那地方堆起一座大山，黑漆燎光的。有好信儿的，议论纷纷。有人说是那颗黑心变的，你没看山上有个大坑吗？就是烂的窟窿。那个说，不对！是他妈老灰变的，那个大坑是让他儿子咬那口咬的。谁也不服谁，可谁也找不出更多的论据来。关于他媳妇的说法，大伙都异口同音说，她心眼儿好使，变成了仙女，住在山后的仙女洞里。

神鹰岭记

冀晓梅

刘禹锡曾说“山不在高,有仙则名;水不在深,有龙则灵。”神鹰岭就是这样的地方。

神鹰岭

神鹰岭位于黑龙江省哈尔滨市阿城区平山镇治安村,著名的道教胜地松峰山的南麓。相传在辽金时期这里居住的女真部落得了一种怪病,家族中的孩子活不到七八岁就会死去,造成人们的极度恐慌,当时的女真人崇拜神鹰——海东青,村民们就到山顶跪拜,乞求神鹰能够救助。不久人们发现越来越多的海东青聚集盘桓在山顶,每只海东青的嘴里都叼着一种绿色的植物,村民把这些植物拿回家熬水给孩子们喝,逐渐治好了孩子们的病,村民们高兴极了,就将他们祭拜的山叫做神鹰岭。

神鹰岭严格意义上说是由神鹰岭作为主峰,由老象峰(形似坐卧的大象而得名)、金蟾洞、灵蛇峰、百果峰组成的一个围城葫芦形的景区,山上树木繁茂,山涧溪流蜿蜒,中间土地平旷,村中屋舍俨然,仿佛陶翁笔下的桃花源。如今的神鹰岭中的千亩良田实现了集约化种植,生态有机农业为人们带来绿色健康的有机食品,干豆腐、大豆腐、大煎饼是这里的特色食品，绿色无污染的山野菜、蘑菇为人们送去健康。世外桃源般的优美环境吸引了各种飞鸟、山禽在这里筑巢，野鹿、狍子、山兔等把这里作为它们的牧场，难怪诗人王勇曾做如下赞叹：

“神鹰，海东青也，乃大金国人的图腾。此鹰受日月精华，吸阴阳灵气；背披雪雨，腹含风霜。穿云破雾，吞雷吐电，机智超群，凶猛异常。其祖居之地，神鹰岭也，处金代道教圣地，松峰山南麓，山岭拔地向天，巍峨险峻，似一神鹰，振翅欲飞，若置身绝顶，放眼远眺，四周群山起伏，八面气势磅礴。偶见雄鹰翱翔上空，左盘右旋，幻化莫测，忽然仰头击空，忽又俯首猎物，令人叹为观止。”

“或问：何尔称岭不称峰也？答曰：未入此境既不知也。从山口入，见峰峦叠翠，崖嶂对峙。怪石嶙峋，似栖若飞。林木品种不乏，本草植物繁多。古藤缠树，今葛悬萝。奇花异卉，芬芳沁脾。巡路而行，两侧山叠，景观各异，蜿蜒几十里也，故而称岭，不称峰也。

“或问：如此绵长山峰，景观若何？答曰：美不胜收也。

“金蟾窟外，香火颇盛。诗魔洞里，吟咏抒怀。驼峰毓秀，虎穴幽深。凌虚端处，文人把酒。怀古巅旁，墨客挥毫。太上座，祥云飘逸。大易岩，紫气蒸腾。无极峦，天设地选。逍遥顶，鬼斧神工。老庄峰，弟子朝圣。风骚嶂，韵士醉歌。赛诗坛，高古绝世，黑瞎仓，野趣横生。养生院，福寿奇观。生态园，草木相宜。棒槌谷，红孩出没。仰宇台，贤达集聚。金龟望月，形神俱备，金蟾古洞，神秘莫测。蛤蟆塘夜，天籁悦耳。乐游亭晓，鸟语传神。溪桥杨柳，彰显岁月。小村沧桑，民风淳朴。孔子曰：‘静者不高而云往，动者不深而鹤临。钟灵圣地，舍斯能有几乎！’”

龙王庙

那国学

红星湖东北角山根下的北苇屯，屯前有一条河，叫蛤蟆河。传说有一年夏季的一天，屯中一位老太太走亲戚回来，走到北山头时又热又累，她到河边洗把脸，然后坐在岸边一根木头上歇脚。抽出大烟袋想要抽袋烟，一看烟袋锅子里有残渣，就扬起烟袋锅子往坐着的木头上磕，磕了两三下，怎么软哒哈的不梆梆响呢？一看烟袋锅里残渣没掉。老太太这回用力猛劲一磕，坐着的木头突然滚动起来，把老太太滚得趴在了地上。老太太纳闷儿，抬头细瞅瞅木头，啊！原来是条大蟒蛇。吓得老太太连滚带爬唉呀妈呀地嚷着往道上跑。当她发现大蟒没奔她来时，喘着粗气，放慢脚步，哆哆嗦嗦地仗着胆子看了看那大蟒蛇，只见那大蟒蛇头正扎在河里喝水那。老太太惊魂未定，踉踉跄跄地回到屯里，进屋倒炕就一病不起。她一闭上眼睛，就有一条龙在她身边张牙舞爪地飞来飞去。儿子请来一位老萨满给老太太看病，老萨满说老太太冲着龙了，那蟒就是蛇仙，蛇成仙了就是龙。老萨满告诉她儿子，在老太太遇到大蟒蛇的地方建个龙王庙。为了让老太太早日恢复健康，儿子立马就开始张罗，不长时间就在现在红星湖的东北角修建了一座很像样的龙王庙。按老萨满的旨意又烧香又上供的，接着又是一番忏悔，老太太的病就真好了。此后，龙王庙香火不断，当地也是连年风调雨顺。这座龙王庙一直兴旺很长时间。现在，龙王庙已成残垣断壁。但庙前的大石桌仍立在狐仙堂的西侧。

龙王庙

二龙山的故事

石金山

距省城哈尔滨市东五十多千米的宾县县城西南，有一山清水秀的所在，叫二龙山。这里，方圆几十里的一湾碧水，水中央又突起一座令人喜爱的玲珑小岛。一西北、一东南走向各异的两脉大山蜿蜒而来，在湖边戛然而止，犹如二龙戏水，美极了！

您到了这儿，远远望去：山岭逶迤，松林苍翠。拦湖大坝，雄浑矗立；近临观来：湖波潋滟，心旷神怡。游船轻荡，鱼跃涟漪。每逢春末夏初，这里便成了旅游者的圣地。或划波击浪嬉戏湖中；或专心忘情垂钓柳下；或说笑攀登山林曲径，或娓娓情谈花草中间……多少人流连忘返。

啊，多么迷人的二龙山！除它迷人的景致外，这还有一段迷人的故事哩。好，让我慢慢说给你听。

这事儿就出在七仙女下凡会董永，被天神召回不多日子的时候。

一天，王母娘娘离瑶池去天宫赴琼林宴，途中左耳环上的玉坠掉了，当时王母也没发觉，就落在人间我们这个地方。

玉坠落地，日夜发光。这天，父母双亡的种田青年刘五路过这里，惊奇地拣了起来。到晚上，放在桌子上的玉坠闪闪发亮，茅草屋内四壁同辉，纫针都看得见，刘五可高兴坏了。

王母赴宴回来，卸装更衣，一摸耳坠，少了一只。忙把春、夏、秋、冬四个贴身丫鬟都叫了来，问她们看见了没有，姑娘们一齐摇头。王母就打发春丫鬟速去琼林一行，看是不是掉在宴会的地上了。

春姑娘来到琼林阁，前寻后找也没看到玉坠，只好扫兴而归。回来的路上，她忽然发现下面人间有一处银光闪闪，很像王母玉坠发出的光亮。就降下云头，向地面看去。只见一间茅屋里银光四射，屋前坐着一个英俊青年秉笛轻吹。笛声婉转悠扬，动人情畅。春姑娘想：怪不得七姑娘思凡爱上人间，这地上比清冷的天上多有乐趣啊！她心中不由一动，落到地上，走到刘五身边，轻声叫道：“借问这位哥哥……”

刘五止住笛声，扭头看去，一位如花似玉的女子正向他万福行礼，急忙站起答道：“这位大姐，有何见教？”

春姑娘说：“小女昨夜途经此地，将祖传夜明玉坠丢失，不知大哥是否拾到？”

刘五转身进屋捧出熠熠闪光的玉坠，说："大姐，我是拾到一物，但不知是您的玉坠不是？"

春姑娘接过一看，正是王母玉坠。握在手心，顿时光芒俱收，刘五茫然而立。春姑娘更觉得这青年诚实可爱，便说："你喜爱这玉坠吗？"

刘五老实地答道："喜爱，它给我带来了光明。"

"那我把玉坠送与你吧！"

刘五摇摇头："我不能随便要您心爱的东西。"

春姑娘说："我的东西也就是你的东西嘛！"

"这话可从何说起？"

春姑娘羞答答低下头说道："我独身一人，你也一人独身，如不嫌弃，小女愿与你结为……"

刘五惊喜万分，急忙上前，四只手紧紧握住了玉坠……

再说王母失落了耳坠正焦躁不安，春姑娘又去了近三个时辰未归，更加心烦意乱，就对夏丫鬟说："快去问问耳报神，春丫头现在何处？"不一会儿，耳报神拜倒阶前："启禀王母，春丫鬟下凡去了。"

王母大吃一惊："啊！这还了得，七姑娘刚返天庭，这春丫头又私逃下凡，我天上的门风岂不坏也?！来人哪——"

青龙、白龙镇殿二将应声而入。

"命你二人速去人间将春丫头给我拿回问罪！"

"是！"二神将驾长风催急云飞往人间。

天上虽就这么一工夫，可地上春姑娘和刘五在一起生活快近半年了。他们男耕女织，互敬互爱，过得美满幸福。

这天，小两口正吃晌午饭，忽然狂风大作，春姑娘说声不好，急忙把玉坠握在了手中。只见二龙神将自天而降，念道："王母有旨，令你速回天庭交纳玉坠！"说完上前，一人抓住春姑娘一只手就走。

二龙山风光

春姑娘挣扎着死活不肯回去，二神将凶狠地扯住不放。刘五赶上来拦挡，也被打昏在地。春姑娘此时悲痛欲绝，心一横，猛一低头，将手中玉坠吞了下去！

只听一声响亮，春姑娘慢慢化成了一湖碧水。吞下去的玉坠，则化成了湖中玉坠似的玲珑小岛。撕扯不放的二龙神将，就变成蜿蜒如龙的两脉青山，伏在了春姑娘身边。

从此，就把这里叫二龙山了，人们常常来看望春姑娘秀丽端庄的姿容。

那吹笛的刘五，据说也化成了一只恋水的江鸥，翻飞在湖面，不停地叫着“春—姑娘，春—姑娘……”

五 鞑 岭

那国学

红星湖大坝北端的山头到湖区东北角的北纬屯，有一片连绵起伏的山，自西向东有五座较大的山头，且一个比一个高，人们管这片区域叫五道岭。可它还有一个鲜为人知的名字——五鞑岭。

五道岭为何称作五鞑岭，这得从金代与元代交替时说起。金朝都城从阿拉楚喀迁走后，时间不长蒙古鞑子（古代称蒙古人）就赶过来了。他们占领了部分女真人领地，在鞑子营（红星镇政府所在地）就住着不少蒙古鞑子。后来蒙古人建立了元朝，这鞑子可就抖起来了，对当地的女真人非常凶狠残暴。统治这个地方的几个鞑子首领就住在鞑子营。这几个鞑子首领非常牲性，穷吃恶要不说，还强霸民女。只要他们把带的东西（帽或衣或腰带）往老百姓家的炕上一扔，那就号下了，想要这家的媳妇就得给安排媳妇，想要这家的姑娘就得给安排姑娘，否则，就杀你全家。当地老百姓吃尽了苦头。鞑子深怕当地老百姓起来造反收拾他们，不允许老百姓拥有能伤人的家把什儿，甚至规定日常生活用的菜刀也五家共用一把。面对鞑子粗暴野蛮没有人性的统治，当地的女真人决心反抗。女真人倒也挺齐心，串联在一年的农历五月初五杀鞑子，结果叫领头的给耽误了没杀成。后来，当地人管农历五月初五这天叫五月耽五，意思是把杀鞑子大事耽误了。农历五月初五没成事，又改在当年的农历八月十五中秋节这天。当地人领头的请面食师傅做月饼，把“八月十五杀鞑子”的纸条夹在月饼馅里，然后以过节名誉往各家送月饼。各家吃月饼时都看明白了纸条，到农历八月十五那天万众一心，组织起来的女真人包围了鞑子营，抓出了五个罪大恶极的鞑子，五花大绑地整到五道岭就地杀死。然后，将这五个鞑子的尸体埋在了五道岭。从那以后，人们便将五道岭称之为五鞑岭。

横 头 山

林 宣

横头山是满语赫图阿拉汉语的通俗读法，意为横岗或横亘的山梁。这一带很久以前是女真人的地界，当时并无崇山峻岭，只有一条清澈见底、自由自在的河流，流淌在细沙和鹅卵石之上。这条神奇的河流，就是按出虎水（今阿什河）的源头。

辽道宗咸雍年间，辽朝的司天监孔致和夜观天象，突然发现安出虎水上空祥云笼罩、瑞气缭绕。他预言：天以象告，此地必有异人出生。于是，向辽道宗耶律洪基奏谏此事。辽道宗遂令人神之间的使者萨满与神灵沟通，探明此事的原委。萨满不敢怠慢，通过人神对话后，了解到按出虎水一带要出真龙天子，夺取大辽江山。原因是按出虎水的源头头道河子下面有一脉神泉与东海相通，龙脉来源于此，欲断龙脉必须堵住泉眼。辽道宗大为震惊，自古天无二日、江无二龙，即刻下圣旨遣萨满率精兵到女真居住的按出虎水一带查寻，弥堵泉眼，切断龙脉。那萨满和众兵丁历尽千辛万苦，沿按出虎水溯源而上，走进一条林木茂密、虎豹出没的峡谷之中，在他们即将找到按出虎水源头的当口，天神恩都哩显示了神力，施了一个障眼法，搬来一座山峦，横在头道河子的前面。因为他早就预测到辽朝气数已尽，大金必兴。这座山峦挡住了萨满和辽兵的视线，他们没有找到真正的按出虎水的源头和那眼龙泉，只是找到一个普通泉眼封堵上便回去交旨。于是，人们便把这座挡在头道河前面的山叫做横头山，把那泉眼称为神龙泉。后人有诗为证：

青山隐隐遮望眼，草木葱葱枝叶繁。

世人难晓天机事，神泉丽水泽金源。

横头山森林公园

金龙山下金水河

冀晓梅

金龙山国际旅游度假区位于哈尔滨市东南,距主城区48千米处的金代发祥地阿城区境内,总面积300平方千米,其主峰海拔826米,是哈市第一高峰。含“四山一带”,主要建设金水河度假带、完颜王山森林游憩区、吊水壶地质游览区、松峰山道教文化体验区、兀术岭金源文化休闲区和山河皇家围场生态区。有“金源、森林、地质、道教”四大文化和“资源、环境、地域”三大优势,以及“红叶、杜鹃、古树、奇石、溪流、云海、日出、松涛、冰雪、古迹”等十大看点。

金水河

纵观我们的蓝色星球上生存的人类历史,全世界所有种族的发祥地都紧紧地依靠着河流,历史学家也将河流定义为古代文明的代名词,古埃及的尼罗河文明、中华民族的黄河文明无不如此,对于千年前的金国女真人来说,他们的崛起与强大,同样起源于两条并不宏伟却一样丰腴的河流——如今的牡丹江与阿什河,而后者,更是见证了大金国的百余载春秋。

800年前,蜿蜒的阿什河造就了金国女真人的崛起,如今的阿什河以更加多姿多彩的方式继续吸引着人们——漂流。

金水河作为阿什河的源头,连接着金龙山及吊水壶两大风景区,贯穿在松峰山镇及大岭镇之间，平均河宽 20 米，水深 0.8 米，河水流速急缓相间，两岸山水环绕、绿树遮荫，景色清晰神秘、壮美神奇。夏日的金水河蝶舞蜂飞，水美鱼肥，烂漫的野花装点着蜿蜒的河水，仿佛亭亭玉立的少女，散发着温柔而浪漫的气息。约上三五好友，背上行囊，乘一叶皮垡，遨游在山水之间，呼吸着森林里清新的空气，品尝着金水河里的野生小鱼，卸下一周工作的劳顿，体验一份清凉的快意，这就是传说中的金水河之旅。

金龙山旅游风景区和金水河漂流将成为哈尔滨市民的后花园和休闲胜地。每年 7 月至 9 月，金龙山国际旅游度假区相继开展一系列节庆活动："金龙山消夏避暑养生节""金水河漂流节""金龙山夏日森林音乐节""金龙山彩蝶观赏节""金龙山山水丹青节""金龙山森林帐篷节""金龙山红叶节"等，以山水风光游、宗教朝圣游、金源文化游、户外运动游、养生怡情游为目的，打造活动的主题是：天然氧吧金水河，避暑养生金龙山。

鸡冠峰的传说

佟为韬整理

提起松峰山的鸡冠峰，还有一个美丽的传说呢。

话说很久很久以前，东北地区虽然每年冬天都天寒地冻，但是什么生物都不比南方少，生活在这里的人们以耕种和打猎为生。最困扰人们的就是这里有一种大蜈蚣，最大的一米多长，这哪是蜈蚣，简直是蛇呀！这蜈蚣还真比毒蛇还毒，碰到它的人轻则中毒、浮肿；重的，会被咬死，甚至整个人都被拖走，活不见人死不见尸。每年到了打猎期，人们都会准备各种各样的武器和防护用品，可是，对来势汹汹的大蜈蚣还是提心吊胆，因为经常有人被大蜈蚣伤害。

在这松峰山脚下，住着一对老两口儿，他们只生养了一个女儿，正值二八年龄，周围村屯前来提亲的人多了去了，可不管什么人家，小伙子多好，姑娘都摇头回绝。爹妈正为女儿的婚姻大事发愁呢。一天，这家的老汉打到一头野猪，老两口子宴请了亲朋好友后，就把野猪油熬好放到坛子里，打算夏天做菜时用。那几天，满屋子都是香香的油梭子味儿。老太太把油梭子放在后屋的罐子里，盖好，一家三口就睡下了。

就在这天夜晚，出事儿了。一只大蜈蚣闻着香味儿，不知道从哪爬来了，吃光了油梭子不说，还把坛子里的油也喝光了。老汉听到响动，爬起来刚走到院子，就被蜈蚣蛰倒在地。老太太和女儿听到惨叫声，急忙跑到外面，可谁也不敢靠近蜈蚣，娘儿俩只能抱头痛哭，任由蜈蚣把老汉拖走。

当家的没了，娘儿俩的生活过得别提多紧巴了。邻居们都伸出援手帮助她们娘儿俩，时不常地就分给她们一些猎物。

这年春天，姑娘准备自己种些粮食，就在山上开了一块荒地。有一天，姑娘在地里看到一个毛茸茸的小鸡雏，娇嫩淡黄色的羽毛，很是惹人怜爱。姑娘想，别管是谁家的，先带回家里养起来再说，有人找就还给人家。眼瞅着小鸡一天天地长大，长得比其他的鸡都大。

这年冬天，打猎的季节又到了，家家户户都打到很多猎物，全屯子人都喜得什么似的。这天夜里，娘儿俩被一阵响声惊醒了，姑娘推开房门一看，她家的鸡正和伤害她父亲的那条大蜈蚣扭在一起，正打得难解难分。鸡虽说比蜈蚣小，但它羽毛立起来，越打越起劲儿，一直在叨蜈蚣的头，蜈蚣也不断地摇头摆尾，往鸡身上撞。姑娘抱起一块大石头，向蜈蚣的头上砸去。蜈蚣回过头一扑,把姑娘蛰倒了。这时,鸡一下子就叨瞎了蜈蚣的眼睛,蜈蚣那只被叨伤的眼睛往外冒着绿色的血水,猛地冲向鸡,鸡灵活地跳开了,又乘其不备,叨瞎了蜈蚣的另一只眼睛。蜈蚣疼得在地上滚来滚去。鸡又跳起来,一口一口狠狠地叨着蜈蚣。后来,蜈蚣再也不动了,而姑娘也没再爬起来。老太太趴在女儿身上痛不欲生,哭着哭着就晕了过去。当她醒来时,天已经大亮了,她到处寻找,却不见了鸡的影子,只见姑娘的身旁放着一个绢布包。老太太打开绢布包,原来里面是一粒药,她急忙扒开姑娘的嘴,给姑娘喂了下去。过了一会儿,姑娘睁开了眼睛,活了过来。这时候,她们才发现地上蜈蚣的尸体不见了。

第二天,村里人发现,姑娘家后面多出了一座小山,那山峰跟那只鸡的冠子一模一样,人们叫它鸡冠峰。

从此,蜈蚣没有了。据说,那只鸡就是灵鸡菩萨变的,为了防止蜈蚣害人,就在这里放了个象征自己身份的大石头,也就是现在人们看到的鸡冠峰。从那以后,东北再也没有出现过这种害人伤人的蜈蚣,这都得感谢那只鸡呀!

登临帽儿山感怀

丁君华

一直以为,“山登绝顶我为峰”不仅仅是一种意志的自我挑战,更是一种生活体验,一种生命的张力,一种征服自然、战胜险阻的豪情!

秋日里,偕友登临险峰的经历却让我有了一番别样的感慨。

当我们信心十足地来到闻名遐迩的帽儿山脚下,谁都知道若想登上危岩兀立的山顶,那是极具挑战的事儿。爬山的路是并不规则的蜿蜒的石级路,森荫覆盖,秋爽宜人。大家谈笑风生,有兴奋,更有几分不甘落后的斗志,可随着山势的陡险与峭拔,石级路也随之陡峭异常。这时,我真的想停下来,等待着分享别人的那份登山的荣耀了,然而,难以抵挡挑战的渴望,难以抵挡秋山秋水秋色的诱惑,坚持着,终究没有掉队,和着山中溪流的节拍和风中树叶的沙沙响声,滞缓的脚步总算又跃上了新的高度。

石级路的尽头,宣告了大山的主体部分已经登完,真正的挑战是矗立在眼前的主峰,是传说中仙人的“帽子”,是需要昂首仰视的火山岩构筑的主峰。抬头望去,没有攀行的路,确切地说,要想到达山顶,只能借助固定的铁索和凹陷的石窝进行攀岩,否则,只能望峰兴叹。

攀上去!

远眺帽儿山

都说挑战无极限，但眼前的挑战真的不能说是一种极限。我们一步步登稳山石，双手紧紧地攥住铁链，抑或是就近抓住那早已被登山者磨得光洁锃亮却稳如磐石的树根，手脚并用，向上，向上，再向上！那种艰难与险要是没有登临的人无法想象的。这时候胆怯者绝无退路，因为，后面勇敢地向上攀爬的人，头顶就在你的脚下。而每一个登山的人，都必须俯卧贴身于岩壁之上，这一刻，我们已然与高山、与自然融为一体。

当我们终于翻越了险阻，像飞鸟一样让堪为绝顶的山峰至于脚下的时候，一种天通地拔之感油然而生。极目四望，只见莽莽群山，烟笼雾绕，多姿多彩。

那是一幅绚丽多彩的图画！那是美的极致！

此时此刻，心中溢满了难以言表的激情，张开双臂由衷地欢呼雀跃，并不开阔的岩顶成了人们摄影的圣地，也有人通晓商家的美意，购上一把明晃晃金灿灿的铜锁，亲手锁在山峰围栏的铁链之上，作为自己登临的标志和见证，或许还寄托了自己的梦想和勃发的力量，也一定会认为自己真的完成了一次超越，一次征服，一次生命的壮举！于是，昂首伫立险峰之上，亮出临风飘举之态。

这真的是一次壮举！一次征服！但绝不是征服了高山，更不是征服了自然，只是征服了自己，征服了自己的怯懦，彰显了生命里那份不可或缺的意志，仅此而已。

人是动态的，而大山是静默的。

恰恰是静默的大山以其独特的魅力，招引着我们穿越前行，让我们难以拒绝那秋染层林的绝美意蕴；让我们有机会攀岩于曾仰视敬畏的山峰，有勇气挑战自我，将那双曾因登上兀立的巨石而颤抖的腿，异常坚定地向上挪移，给我们勇气去领略登临险峰之上的壮阔风景。

其实，兴致勃勃的游人与静默无语的大山，都是大自然的造物。每一个从自然而来，再归于自然的人，生命的历程是多么短暂，而那连绵的群山，高耸的山峰，伫立于亿万年之久，那是真正的天龄！那是大自然所赐予的永恒的生命。难怪人们会稽首，会虔诚地叩拜，进而把美好的祈愿倾注于晨钟暮鼓，倾注于一炉香火——面对这一切，我们该有怎样的顿悟呢？

人是多么渺小啊！而面对巍峨的大山，又怎么能不怀有敬畏之心呢？

我们该敬畏那秀美的风景！

北宋画家郭熙、郭思合著《林泉高致》云："山得水而活，得木而华，得烟云而秀媚。"眼下的帽儿山，有绵延起伏的山，有清冽低吟的水，有高天流云，有轻雾缠绕，云海茫茫，足以称得上一个"秀"字！

我们林间穿行，拾级而上，不难想见它的四季之秀。春风吹拂的枝头，那翠色欲流的盎然，与树下悄然绽放的不知名字的各色小花相互映衬，形成了俯仰生姿的春色，秀美怡人；盛夏时节，如盖的浓荫，繁茂的阔叶，遒劲的枝干，竞相生长的丛林，一定是一种碧海翻腾的汹涌的美,如同命运的交响中那种起伏跌宕之美演绎了平和悠扬的轻音乐那种宁静之美一样,将一个“秀”字进行了升华！秋日徜徉,谛听山泉叮咚,饱览多彩的山色,或凝碧的绿,或淡雅的黄,或明丽的橙,或浓重的紫,或炽烈的红……无不点染成夺人心魄的画卷。秀得厚重,秀得人心旌摇荡,秀得人心醉神驰,让你久久驻足,流连忘返。冬日,终会还给大山片刻沉寂,雪落无声却有痕,装点了大山的圣洁之秀,秀得纯净,秀得清雅而不乏尊贵。

我们也该敬畏那真正顽强的生命!

灵秀的大山,孕育了多少昂扬的生命。不愿停止歌唱的鸟儿,与晨光和鸣,与风雨协奏;生长于岩石罅隙里盘根错节的大树,成为人们攀援的依傍;昂然伫立于绝顶的苍松,悄然无息地将自己的根系深深地植入坚硬的岩石之下,迎接灿烂的朝阳,作别绚丽的晚霞,百年抑或千年地笑阅匆匆过客。再看看岩边那一簇簇达子香,就能想见,它们又是以怎样灼灼的生命在冰雪未尽的初春盛开艳丽的花朵,还有那香飘四野的芬芳,昭示着春的莅临。

大山啊,你经历了怎样的熔岩奔突而成凤凰涅槃般的裂变,才形成这般傲岸的风骨,而孕育了如此顽强而又多姿多彩的生命!

我们更应该敬畏那博大的胸襟!

都说“一方水土养育一方人”,眼前的这一片土地安静地卧在大山脚下,犹如安睡在母亲怀里的婴儿,而巍峨高耸的大山多像一位慈爱的母亲,用它宽广博大的胸襟庇护着这一方土地,庇护着这一方臣民。它的美丽的传说,恰恰是告诉我们那高耸的山岩正是腾龙翘首,四顾万里田畴。山颈围云,落雨枯禾,便可解决久旱之苦。风调雨顺,五谷飘香,不能不说是来自大山的馈赠！它将乳汁般的血浆化作甘泉,化作清流,化作小溪,波光潋滟,淙淙而下,一路低吟浅唱,浸润着大地,荡涤着尘埃,挥写着诗情,用跳荡的音符谱写成一首纯美的歌儿。

如今的踏访,即将结束。归去来兮再图游,是一份千般不舍,是一份万般眷恋！而驻足回望依然巍峨静默的大山,心底升腾起的是无限的敬意!

不觉虔诚地轻道一声:

致敬,巍峨的大山!

致敬,神奇的自然!

咏林颂山篇

山 神 颂

关伯阳

故乡的白云，
轻轻地飘过我们的头顶，
茫茫的林海，
是祖先生长的摇篮。
在这个摇篮里，
春风吹红满山杜鹃；
夏雨润绿近岭远山；
秋霜染得枫叶如火、五色烂漫；
冬雪中观那苍松挺立山岚。
白山黑水啊！我们的故乡，
松峰金水啊！我们的家园。
阿林恩都哩，
阿林恩都哩，
你是万物的主宰，
你是人与自然和谐的源泉。
在你的护佑下——
森林郁郁苍苍，
树丛百鸟啼啭，
林间百兽腾跃，
坡上百花争艳。
大山因你的主宰万物舒展；
森林因你的守护绿遍金源；
环境因你的恩赐清纯永续；
家园因你的护佑水净天蓝！
阿林恩都哩，
阿林恩都哩，
我们清楚，
高空激越着你无声的律令，
群山推举着你无形的尊严！
我们铭记，我们是大山的儿子，
为了可持续发展，
为了我们明天的家园，
请接受我们的许诺，
请相信我们的誓言：
爱护山林，珍惜资源，
取用有度，不过不滥。
我们要用行动保护自己的家园。
让满族尊崇自然，
人与自然和谐相处的优良传统传承永远。
让家乡的青山绿水，永续延年！

道教圣地松峰山

关伯阳

金源故地有奇峰，锁在太虚碧海中。
东望群山如烈马，西观虎水似蛟龙。
客临拜斗同星语，人至海云叩拜灵。
最憾老君骑牛去，山间犹辨碎蹄声。

西江月·松峰山棋盘峰

关伯阳

冷对山崖峭立，静观星月无边。
慢敲棋子奕棋闲，听取松声一片。
千载禅机深蕴，一朝解悟颇难。
心平如水自安然，管它风云突变。

菩萨蛮·松峰山背篓石

关伯阳

松峰山上生奇壁，何方老汉行色急？崖险野藤长，深山采药忙。
山人频弄巧，飞步篓岂倒。白垩造奇葩，北国独一花。

横头山四季（四首）

关伯阳

一

春临万木吐鹅芽，岭北岭南杜鹃花。
再过十天半个月，满桌蕨菜刺五加。

二

夏夜横山梦不沉，登山忪眼费精神。
凌绝一喊惊回首，轻纱衬个雾美人。

三

秋来阴气料无藏，万叶千枝抖斜阳。
九月重九登高去，满山深紫映橘黄。

四

冬至山人不畏寒，枯枝煮酒与君谈。
酒阑絮语贴心话，无虑隆冬大雪天。

横头山之冬

关伯阳

万壑千山素甲披，黑熊避宿兔狐稀。
林中噪鸟知何去，唯见苍鹰越岭飞。

溪畔山梨花

关伯阳

山间昨夜落云霞，万绿丛中缀白纱。
最喜溪流折角处，一湾清水照梨花。

冬　　枝

关伯阳

碧叶离身未必悲，苍穹傲骨任风吹。
从来不信寒常驻，舞尽残冰又葳蕤。

五古·吊水壶幽谷（十韵）

关伯阳

谷在深山里，远离闹市嚣。
怪石如巨兽，落叶满溪飘。
草密藏蛇蟒，林幽隐夜枭。
野果无人采，山花笑脸娇。
蝶蛱轻曼舞，桦鼠蹿荆蒿。
菇菌生枯木，长藤绕古乔。
朝瞰鸟离树，暮霭鸦归巢。
白云崖上过，风吼动林梢。
忽见鹰拍翅，渐远渐飞高。
山野养贤圣，真纯在此郊。

卜算子·龙树

关伯阳

头道河之滨，林岭何茫渺。龙树峥嵘傲有时，怕比金朝早。
眨眼近千年，铁帚闲云扫。阅尽十朝废与兴，方悟天难老。

清平乐·喀秋莎

关伯阳

——昔唱喀秋莎，遥念山梨花，今见山梨花，油然高唱喀秋莎

千山青绿，有幸评春去。但见梨花清寂寂，遥望如云似絮。
歌声飞遍天涯，不知落到谁家。小雨酥酥轻润，心情绽如斯花。

青玉案·横头山红叶潮

关伯阳

金风暗度横头树，只数夜，红如许。且看林间光影处，过江群鲫，万头攒动，争上观枫路。

俊男靓女欢歌语，自首敲诗寻妙句。皆为枫狂足手舞。方摄倩影，又拍丽叶，灿烂常留住。

踏莎行·横头山蛙鸣溪

关伯阳

木栈临溪，蛙声一片，梨花雪冠阴阴见。水流石在奏叮咚，乱飞柳絮扑人面。
翠绿遮棚，流云相伴，水中鱼影清晰辨。知何处蝶飞来，双双飘向溪南甸。

中吕·朝天子(元小令)·横头山之冬

关伯阳

雪原，林前，有兔迹蜒然。天寒地冻觅食难，好让人可怜。莽莽山川，寒鸦数点，死守林岚不迁。盘桓，笑咱，何不在家把盏。

松峰浩歌行

关伯阳

松峰之脉胡来哉？或言辽东渡海来。不然塞北群峦平漫漫，何以拔地雄起独崔嵬！我所思兮在东山，但往行兮苍莽间。天降仙境莫虚来，与我同游三百回。提壶携友访青岚，饮不醉兮身不还。松峰之境秀于山，奇峰硕硕擎北天。登临放目心朗朗，遥望尘烟如蚁喧。烟囱一柱挺巨锷，剑锋直上白云破。狮吼石裂松欲飞，君欲登兮露沾衣。塞外娥皇身楚楚，敢在晴川坦双乳。棋盘千载对星空，遥忆当年鏖战伴长松。太虚古洞常遮雾，鹤鹫凌虚知何处。欲窥天机上高台，夜阑酹酒拜北斗。今夜明月又风清，曾临少帝金熙宗。层林游闪赵尚志，黑嫂何处斗倭仔。松峰夜兮明月飞，森森万木浴清辉。满径枝影胡乱写，周身晶莹彻心腹。深谷独步信悠悠，万象无声念无起。春风徐徐发万木，杜鹃啼德花似血。夏日清晨雾偏多，云海蒸蒸浮青螺。重阳时节遇轻霜，万叶摇丹抖秋装。隆冬飞雪千峰隐，橡影迷离寒鸦噤。俗客浮人何敢来，恰容知友酣畅饮。踏遍龙江千百度，且秀且雄知何处？一游胜读画千帧，一游胜诵诗万首。春夏秋冬时时画，雪雨晴明处处诗。松峰山，龙江傲，傲立岂因花枝俏。峰奇林美古迹繁，幽悠净静寡喧闹。我欲结庐此山中，不计甲子与春冬。但愿山影云岚梅鹿伴此生。

松峰同游联句

关伯阳

六君约东游，春色松峰赏。同上晴天路，心脾沁清爽。乳峰遥耸翠，蛊惑速前往。松色连岚碧，春阳何朗朗。高崖古棋枰，文明早标榜。异香不时来，削碧山花长。古洞飘香烟，太清名远响。攀崖云蔽日，登峰唱大蟒。诸峰皆有意，揖身迎我访。环视滨绥近，俯仰天地广。群峦蒸紫气，金水西流淌。会宁矗关东，繁盛曾无两。中华北域阔，女真功勘赏。草舍群仙饮，浩浩胸襟敞。归来论古今，品铭赞圣壤。

长白山与天池

关伯阳

长白山天池

一

长白山长，千里绵延。
长白山高，巍峨接天。
长白山巅，一泓圣水。
群山环抱，绿水如蓝。
一群仙女，沐浴其间。
风情万种，起舞翩翩。
神鸟飞来，池上盘旋。
衔枚红果，扔衣池边。
佛不库伦，不能回天。
吞下红果，怀孕人间。
生下一儿，布库里雍顺。

二

吾祖出世，降临人寰。
吾等始祖，居白东山。
俄漠惠野，俄朵里城。
努尔哈赤，是其后裔。
率部崛起，满族始兴。
赫图阿拉，建立都城。
国号称金，塞外驰骋。
皇太极朝，国号为清。
一六四四，福临入京。
一统天下，中原定鼎。
康乾盛世，举州称雄。
民族团结，经济繁荣。
傲立世界，盛州难逢。

山神歌词

关伯阳

阿林恩都哩，山林的主宰者，万物的守护神。你的神力笼罩群山，你的赐予恩泽万民。长白山下人，敬畏神力感谢神恩，取用有度，让青山常在，永续永存，让青山常在，永续永存。

领：龙之春
颂山神
神之魂
山之韵
山神爷你精气神
唱山神
亘古存
今又是
三月十六大喜日
山神爷啊
你生日快乐
山神爷啊
你是大山之主人
合：久居大山里
灵通天地音
我们虔诚祈祷
我们赤诚忠心
领：你佑繁荣风调雨顺
紫气东来
这里一片祥云

山　神　颂

伊少玉

您赐我们财富
你给我们福音
年年岁岁
高香敬进

黑猪美酒
敬献供品
岁岁今日
叩拜爷之恩
合：我们敬山神
尊崇自然
博育约取
物竞天择
祭山神
拜土地
让这山更青
天更蓝
领：三月十六日
也逢罕王之生日
满族人
金源文化
千年有约
相乳相溶
山神爷啊
你魂系大山
你佑吾福平安
护我在向前
将事业拓展
合：让非遗承传
我们三拜
我们九叩
将文化弘扬
将优良传统光大
子子孙孙
拜谒大山
石石惠民众
山山居神仙
爱大山
敬山神
永远、永远！

山　神　节

关达夫

山神诞生日
忙煞祭拜人
博予与约取
环保佑斯民
相助陶公梦
繁荣日月新
申遗结硕果

石材胜黄金
感恩大自然
颂山暨咏林
2013年4月25日　于山神节

满江红·山神

洪仁怀

大岭乡桦皮甸子乃风水宝地,水谓古之海古水,女真人发祥之地。旁山峭壁林立葱龙有之。一山俨然如山神,战袍长襟,长守之。当地人称山名为人头砬子也。

紫气东来,群山抱,棋缠玉带。青嶂里,嶙峋崖处,俨然一帅。昂首云低,双目炯,膺宽袍阔一神态。犹捧笏,尊玉帝音宣,多光彩。

护国血,看龙脉。藏故事,怀豪迈。望烟霞铁骨,瑞祥千载。绿柳红枫迎日月,急风骤雨无高矮。到如今,仍是将天兵,春秋在。

庆春泽·金源神龙

洪仁怀

帝辇顶上饰物——铜坐龙乃国宝也,仿其形,固其韵,增其大,铸其体屹于阿城西门之要道，八龙卫一，九龙共昌。区有吉物，地富民强，如是神龙，佑我一方。

项角如花，珠光似电，玉鳞闪烁斑斓。足下生风，长鬣舞劲霞烟。腾飞宿度凌霄志，踏祥云，潜海深渊，最寻常，邀日欢谈，驰骋高天。

曾经逐鹿中原地，也神威桀骜，盖世拔山，黑土红粮，钟情烈性冬寒。豁达自信雄鹰骨，有赤心，坦荡儿男。掌风调，碧落北疆，福满家园。

望海潮·横头山

洪仁怀

白云三叠，青山两岸，飞驰大纛横头。

牌坊断霞，楹联爽目，紫烟虹气盈眸。踏小木栈道，沐氧高喉。万仞悬崖，九天红日共温柔。

东风绿阵波稠。有蛙鸣似浪，潺水如羞。蜂蝶醉飞。莺鹂梦呓，千年龙凤同舟，夜拜月中楼。待霜轻遍野，火叶悠悠。正好“灵因”鼓响，菩萨赏金秋。

疏影·横头红叶

洪仁怀

晨明浅月，也满地碎阴，阳艳清绝。坡北坡南，霜有霜无，尽是上元情节。株株簇簇离魂处，抬望眼，千山花野。稍偶然，绿外横斜，确在火中明灭。

三瓣玲珑剔透，五分胭脂叶，片片如泻！不是乔妆，更不拿捏，通体犹燃心血。金秋浪海欢腾地，却只要幽梅悄悦。万岭冷，暖去寒来，独对一畴风雪。

观枫即兴而作

洪仁怀

在欢庆祖国六十华诞之际，应区委、区政府领导之约，原市级离退休老同志，兴高采烈地登上横头山观赏红叶，余顿时诗性涌动，遂草书绝句为颂。

抛却烟华兴致浓，亲山亲水赏枫容。
林深有韵堪为秀，老汉情浓笔作虹。
霜天酿就一林秋，红叶争先闹树头。
万紫千红诗百首，读来秋色胜春稠。
天工造物有偏心，藏得深山玉一盆。
红透横山绿透水，丹飞霞照火烧云。

满庭芳·夏游横头山

洪仁怀

万里晴空，一轮艳日，历历山翠争妍。

谷幽空旷，蜂蝶舞翩跹。百鸟啼鸣唱和，沟壑险、古木参天。临其境，神迷心醉，何惧日炎炎？

溪泉。清袅袅，丝丝雨露，脉脉心田。探先人踪影，遗迹沉湮。放眼天工美景，开怀际，把盏歌酣。情激奋，如痴似梦，恍若到桃源。

注：横头山位于阿城区大岭乡吉兴林场境内，为省级森林公园。

七律·松峰山远眺

寇振华

飒飒松涛古刹钟，茫茫雾霭隐双峰。
滔滔北去金源水，莽莽南来阵阵风。
远望平原连省会，近观阡陌绿金京。
行人欲问当年事，一代天骄圣地兴。

天净沙·山里人家

寇振华

桑林掩映桃花，水塘游戏鹅鸭，小院明窗亮瓦，青青山下，绿荫深处人家。

游横头山

柳长江

红叶杜鹃紫气炫，古树参天林海般。
奇石溪流卧佛寺，龙岩松涛展新颜。

日出云海照扶桑，锦秀江山气万千。
金源文化堪厚重，冰雪奇观震宇寰。

忆秦娥·横头山观红叶

柳长江

人如潮，满山红叶金秋月。
金秋月，吴刚献酒，嫦娥飘落。
喜游横山观红叶，一展风采万民悦。
惊回首，天上人间，与民同乐。

万千气象松峰山（外一首）

柳长江

张广才岭有奇观，松峰山色别洞天。
万顷碧海翻巨浪，疑是潮水漫金源。
千里金河飘玉带，哪来仙女舞蹁跹。
游人如织赏林都，五营红松秀山川。

世外桃源

柳长江

这里云白天更蓝，负氧两万空气鲜。
天赐湖畔小木屋，令人恍惚又童年。
秋绽五花山烂漫，诗情画意境如仙。
冬天雪染白世界，喜看松阵斗严寒。

横头山大佛

汪文学

攀登栈道古木参，沟壑峭壁显奇观。
雍容大度红尘看，横头山上有神仙。

秋游松峰山

汪文学

万山秋色霜叶红，
松峰景色似丹青。
寺庙壮观人潮涌，
悬崖峭壁云海腾。

金龙山秋色

孙洪彦

五颜六色淌斑斓，野味山珍各逞鲜。
雉走鹿鸣幽谷里，锦屏如画胜江南。

秋谒金龙山

孙洪彦

五花十色卷峰巅，翡翠珍珠映谷间。
满地松针收画册，一枚枫叶入诗笺。

咏吊水壶

孙洪彦

韩箫未谱天成曲，马笔难描地造奇。
美景盈怀瞠目望，诗人随处吐珠玑。

登金太祖陵台

孙洪彦

百年塞外遗青冢，一统开元立上京。
太祖英魂今何在？游人几许吊秋风。

玉泉狩猎诗

孙洪彦

羽箭胡服跨锦鞍，提缰策马再征战。
金源踏遍千山雪，也架东青八百年。

望海潮·玉泉

孙洪彦

女真兴肇，金朝都会，阿城自古繁华。林茂翠葳，山峦绵亘，清河碧水流少。畴埂绕人家，夏雨冬霜雪，春笼烟霞。锦绣河山，星耀东北第一葩。

玉泉新貌尤嘉。美欧别墅苑，十里仙崖。鸽洞虎园，洲级猎场，山庄避暑称佳。宝藏待开发。兼香蒸馏酒，李杜争夸。百姓安居乐业，歌舞奏铜琶。

蓦山溪·东兴村

孙洪彦

华灯彩路，阵阵香盈袖。倚柏苍松，望村南，天高水秀。五花山色，映果圃丰田，枝未瘦，稻熟透，正是好时候。

寻芳柳岸，步入柞林后。有院舍炊烟，鸡犬声，柴扉小扣。佳肴美酒，恋鹿走鹰飞，长亭久，忍折柳，别去千回首。

临江山·寓万佛寺赏梅

孙洪彦

客寓龙山名刹里，炊烟暮鼓晨钟。春花秋月渐朦胧。白石添雅韵，红土曜危峰。
对弈围炉难入定，禅师笑煞书生。新枝傲立雪初晴。寒苞晨已破，坛酒快开封。

二龙山红叶

孙洪彦

盛日关东十月天，缤纷烂漫万千山。
金风吹旺枝头火，燃遍层林一夜间。

苇溪朝烟

孙洪彦

乍露晨曦放钓船，半蓑曙色半蓑烟。
篙击苇鹤惊飞鸟，驶向清溪幕里边。

青山叠翠

孙洪彦

紫雾青藤绕梵音，亭阁栈道洗凡尘。
白云山岫千叠嶂，圣界神仙也动心。

红石积雪

孙洪彦

赤壁银峰塞外娇，双龙漫舞领风骚。
红裙玉佩珍珠岛，任尔英雄竞折腰。

吊水观瀑

孙洪彦

长城做练吊穹庐，天注银河泻玉壶。
万马奔腾雷隐隐，虹辉璀璨洒珍珠。

磨盘山,旋转着绿荫

徐忠武

五常境内张广才岭的磨盘山,峰峦连绵形成绿色的海洋,形成绿的世界。哦,绿涛滚滚,碧波粼粼。

山势巍峨,矗插云天。古松天矫的原始大森林,绿为一泓湖泊的深邃,绿为风雨中感人的凝笔练触,万般惊叹!仿佛进入了唐代大诗人韩愈"山红涧碧纷烂漫,时见松枥皆十围"山花涧水苍松交相辉映的艳丽壮美的诗境。

抬头可见却不可及浩荡嵯峨,千云蔽日的绿覆盖使这山岭如此葱翠。起伏的峭拔,陡峻的崖壁,才领略了绿的雄伟,绿的庄严,绿的奇观。这不正是地球王国的多姿色彩的神奇与骄傲吗?伫立老海山的脊梁上眺望着磨盘山,山色空濛,郁郁苍苍,可脚下却是浮岚暖翠,棕黑色的森林土,落叶的厚褥绵绵的裹着山体,大森林浓郁的特有气息芬芳了北疆的绿梦。

温和的风,从山那边拂来。啊,天然林,人工培育林,天然幼壮林,每一株活立木都在密集的汇聚,都在以群体的走向去挺拔绿色的生机。

南望苍莽莽的绿色林海,群峰撑起参天绿色的巨伞,绿海与绿云同时荡起心驰神往的绿帆,遐思追赶绿色的云朵,雨丝密布的重峦,下山云笼罩的不是那荒漠山野和光秃谷壑。望着望着,忽然惶恐自己在磨盘山下的孤独与渺小。不,又忽然感到,雄奇高耸入云的磨盘山,就坐落在心坎。于是,我生命中流淌着不尽的绿色血液,洋溢着大山雄浑的精魂:灵魂充满静穆与威严,人生的脚步不再轻飘与稚嫩。啊,世界的未来,所有的日子都该是浓绿情丝构成的绚烂图案。绿色大海的浪涛澎湃,永远翻腾着岁月沧桑日新月异的鲜艳。

啊,巍巍阻云的磨盘山,云峰松岭览胜,终于,获得了你给我绿的思索与绿的启迪!

登横头山(二首)

徐忠武

览　眺

巍峨耸翠碧横天,树海林茫壮大千。
原始风情神采在,高歌胜景驾吟鞭。

多　娇

繁枝蔽日掩晴霄,古木参天紫气飘。
卧石沉枫今日醒,披红挂绿美娘娇。

鸡冠山,探颤着雄傲

徐忠武

尚志境内张广才岭的鸡冠山,层峦叠嶂,密林蓊郁。这里生长着孤寂与强悍,生长着苍劲与粗犷,生长着威严与倔强。

异峰突起这野性的大山林,违迕了寒风的意旨,不顾沙尘的溪壑。在冬夜的漫长中没有恓惶,经过风雨和飞雪的推敲,每一片绿叶都以绿的立论在证实沟涧与峰峦默默地生长着新鲜与奉献。

鸡冠山的大山林,张广才岭的碧海涛澜啊!

千岩竞秀,万壑争流。温情的风是诗人的恋人吗?但那时,在南国,她的旅踪倩影正被绿色的雨丝漫不经心地笼罩着……而你却依旧挺立在北方褐紫的企待与翘盼。千古朔风并没有撕碎你那林木荟蔚的梦，纷飞的漫天鳞甲以绵绵的银絮覆盖着落叶的祈幻，白头翁的童话挂结在伸出手的繁茂枝桠。

塞外的大林莽，北疆的雄姿壮观啊！

顽强攀上峰峦，将一行足迹的向往深深嵌在广袤的绿荫蔽日。总觉得置身于“须臾静扫群峰出，仰间突兀撑青空”群峰如天柱，直插云霄，高可撑天的境地。于是，灵魂就有了大山坚伟的脊梁，就有了林海雄阔的胸怀。蜿蜒逶迤的山路延伸自绿浪的潮涌中簇拥巍峨，在没有冻结的林涛喧啸绿色海洋中燃烧的绿焰。高耸欲触天的苍苍林莽，以生命的代价在不朽的创造着，回报阳光抚育的恩泽啊！

北疆的大山林，塞外的绿色呼唤呀！

如哨兵般威严的方阵和耸立在天宇下的强悍与伟岸，以默默的赐予，去萌动着对青春的构思，夏的夙愿。

这屹立在心头的绿色巍峨，北疆在塞外雄性的血液，生长着绿衣绛缨的林木森森。苍莽的大山林，也隐匿着原始生态与现代科技莫大超然的落差！

鸡冠山的峰巅，突兀一块撼魂动魄的巨大方石，方石的西侧是齐刷刷的立陡立崖，足有百余米的悬壁，令人惊叹大自然的鬼斧神工雕凿的雄奇。登方石之上，举目远眺，仿佛是置足于泰山极顶，颇有一览众山小的身临其境，感慨江山如此多娇！

金龙山赋

郑立民

何处可销魂，久觅思绪飞；偶游金龙山，缠绵不思归。

时溯远古，天公垂青；塞北布爱，浑然天成；通天碧绿，林翠草葱；雕有神碧玉，造无边晶莹；纳天地之灵气，接宇宙之赤诚；不乏伟男挺拔刚毅，更具少女俊秀纯清。伟哉，金龙山！壮哉，原始丛！

春和景明，百鸟啼林，山色渐绿，溪水缠绵；夏日翠黛，蜂舞蝶喧，浓荫如盖，群花烂漫；秋意浓酣，镶金裹银，摇红荡金，如织似染；冬林素洁，冰封雪锁，琼崖玉巅，别有洞天。四季佳景任君游，放情陶性赛君仙。

沿现代水泥板道转水复山重，登原始木板栈道攀峰回路转；赏稀疏阳光投下斑驳陆离，听林间佳鸟唱出百啭千啼；观遍山花木野卉清香四溢，嗅香甜空气沁人心脾。都被这般美景陶醉，何必别处奇观盘桓？莫道此间无游处，塞北奇景胜江南！

千米栈道，崎岖平坦，鸟语莺啼，翠盖绿伞。且攀且憩，潇洒盘旋。仰俯皆可得珍宝，贪嚼绿色吻自然。恍若仙境，世外桃源。

秋叶幽谷环视，枫叶红彻林天。蛙鸣溪畔静坐，垂钓一竿悠闲。卧佛轻拈山岁，巨手擎蔚苍寰。古木横刀夺爱，玉腕劲挽缠绵。可观大林海潮，可赏高山杜鹃。更有狐仙洞显圣，石柱峰擎天，盆景王中冠，石林赛云南！山间这边独好，都市哪得休闲？

拜谒龙树凤树，尽享福寿安康；观赏灵因山泉，洞开天地神光。观涛塔上，抛洒绿涛有界；拜斗台巅，挥斥宇宙无疆。

郡王山畔呼啸，唯数今代豪放；兀术岭侧放歌，傲我大金无双。万般美景游未尽，醉人何需劳杜康？

挥汗攀至山巅，无限风光尽现。仰卧长天呼啸，放眼如浪峰峦。清新空气如蜜，馥郁花香可餐。秋叶染红，迷人远超香庐；苍松耸翠，迎客不逊黄山。景观大道迤逦，徜徉最堪流连。俯视千般美景，可绘可摄；醉撷万物灵气，可圈可点。谁言神仙好，吾辈已陶然。

山肴野味，别样幽香，推杯换盏，夜阑未央。挥去月影，唤来晨光。林区人家醉卧，不知何处家乡。

沉湎金龙山，醉心且流连。胜境何须去，此间万景全。金都大氧吧，哈埠后花园。

游仙湖山感怀

杭志君

龟龙探水入仙湖，舟行鱼跃人欢呼。
润泽良田千万顷，红星水库展宏图。

金龙山咏雪

杭志君

身形六角白如霜，金杯银盏满山岗。
玲珑剔透娇且美，嫦娥临凡圣洁装。

浪淘沙·游横头山

隋秀芳

薄雾笼峰峦，万象斑斓。红黄绿紫鲜艳。碧水一池松向落，翠鸟啼烟。邀友了天然，醉赏秋山。练足汲氧感心宽。一曲清歌摇树海，笑语流丹。

山　乡

隋秀芳

青山绕碧水，蜂蝶舞花丛。
翠鸟啼春晖，松林翱猎鹰。

山里人家

隋秀芳

羡他山里人，四季少烦心。
窗里长林翠，门前鸟唱春。

五绝·横山赏山丹

隋秀芳

雨晴赏山丹，红紫满园鲜。
情愿化蜂蝶，朝朝花束前。

初登松峰山有感

王　良

初登松峰山水间，
云海天间漫无边。
翠柏苍松翻绿浪，
置身佳境醉如仙。

七绝·玉泉西山晨望

刘宝林

西山景色醉心扉，
翠绿花枝吐蓓蕾。

水冽峦青环碧树，
阳光洒落更明媚。

秋晨登威虎山远眺抒怀

刘文忠

云淡星光少，山青紫气环。
灯火炊烟处，庭楼雾霭间。
昼夜总更替，曲直有往还。
回首天命去，凝眉花甲前。
耕笔志无改，秉烛读晚年。

菩萨蛮·枫叶节登山

刘文忠

横头山上云霞畔，长空远送南飞雁。瑶女舞胭霜，层林披彩妆。
踏风衣鼓瑟，落叶镝鸣和。极顶览金秋，桑麻绣彩畴。

菩萨蛮·松峰山采风

刘文忠

天高云淡红黄盛，青犹绿瘦山林净。拜斗祭星台，仙风紫气来。
棋盘无落子，不见当年奕。俯首阅田畴，烟升耒耜流。

松　峰　山

李文明

奇山数松峰，风光各不同。
春雨群峰绿，山花别样红。
雁去秋声远，人来鸟语轻。
最爱云缠树，晨钟摇雾松。

古绝·松峰山径

周庆印

林荫行古道，石径踏青苔。
阳光筛枝叶，蜂蝶入画来。

横头山红叶

周庆印

枫叶妖娆艳百花，经霜饮露蕴精华。
迎风笑看群芳退，独领红潮耀彩霞。

松峰红叶

王　金

娲祖遗石立乃峰，神工鬼斧势峥嵘。
逢霜万木夸松绿，经霜千枝看栎红。
幽洞秋风吟古卷，棋盘冷雨弈天星。
儒佛道教溶一体，鸿爪摩崖记影踪。

松峰山小景

王　金

娲母弃石落莽原，峭崖陡壁一线天。
一峰突兀坦双乳，润泽金源万亩田。

拜　斗　台

王　金

拜斗台前望斗星，银河隔断女牛情。
连心铜锁千万把，多少庄周化羽生。

海 云 观

王 金

修道成仙紫雾中，
海云庵观始融通。
炼丹打坐持佛法，
旷古完颜盖世雄。

登横头山

付贵忠

逶迤攀顶路，栈道斗折行。
怪树参差立，山岩化九龙。
谒临佛圣地，寻访杜鹃峰。
欲览群山美，快登观景亭。

龙凤树吟

付贵忠

龙凤奇树何处寻?
峻峰巅顶影森森。
百年傲立枝如铁,
千载风霜刀剑痕。
神树长生山有色,
仙泉难老润其身。
游人祈愿昌平世,
总把吉祥送客宾。

游横头山森林公园二首

付贵忠

一

绵延栈道绕峰峦,怪树参差蔽远天。
漫步林森幽谷处,天然氧吧醉成仙。
飞身站落凌绝顶,一览群峰五色山。
九龙腾飞踏雾霭,灵因宝刹罩梵烟。

二

清泉隐处半山间，秋水泠泠映碧川。
曲柳骄杨高百尺，丁香紫椴劲枝牵。
攀寻抗日杀敌处，挺立苍松矗云端。
自是寒秋霜点后，层林无处不斑斓。

题人头砬子峰

洪 林

长守古东洲，青山帝脉留。
经风雕俊骨，偕月看春秋。

多丽·秋游松峰山

洪　林

好松峰，秋山木寂幽清。喜同游，攀援缓上，树间鸟雀啼鸣。倚石听，泉敲玉韵，俯身看，涧底丹枫。拜斗台前，凭栏远眺，一擎双臂揽八风。海云观，雕梁画栋，翠幄衬红屏。骄阳下，林涛碧浪，直捣晴空。

看棋盘，一局未了，几回日月沉升。更阿谁劈凿窟洞，连绝壁，可与仙通？今有骚人，登临笔会，此中高意古来同。对岳山，诗怀激荡，联唱各抒情。抛脱尽，纷嚣俗世，名利相争。

登　顶

高　哲

林荫深处气清新，栈道蜿蜒步履均。
登顶老翁神抖擞，天然给氧助登云。

千年杨树

高　哲

千载白杨叶茂苍，参天拔地树中王。

皮开干裂英风在，无肺无心自寿长[1]。

注：①横头山森林公园有千年树龄两棵白杨，其中一棵已空心，但仍然枝繁叶茂。

二 龙 山

季亚和

鱼跃清波贪山色，鸟擅枝头恋深潭。
二龙戏泊湖中浪，波吞浪吮蜘蛛山。
山横铁骨水断流，人造仙湖山水间。
天遣双龙长吸水，游人四时醉流连。

游横头山

韩春荣

八月七日艳阳天，暖风习习心境宽。
诗词散文诸高手，各展才华献宏篇。
大手笔多赛青莲，临场发挥挽狂澜。
俱抒豪情放异彩，语出惊人艳金源。
蓝天白云气万千，秋高气爽笑逐颜。
三生有幸相聚首，采风二上横头山。
相思树啊九龙岩，吟诗作赋谱新篇。
天然美景红烂漫，北国金秋胜江南。

九龙山

王春艳

九龙山不虚传
登上山巅方知险
九座山峰九道脊
好像正弦高垂平行线
绵延长三千
又像九子受哺于天地

拱伏尊祖山
采一把还魂草
行如莲花绿如兰
折一枝达子香
卷如柏叶青似潭
石莲在空碧
杜鹃俯深渊
狼嚎送我行
崖下梨树蔽苍天
叹九脉夹八川
跨溪流
跃山涧
寻皇陵
三月天
千岩万转魂未定
背负青天亘北南
啊　神龙下凡间
遥望溪水入海沟
咫尺雷木[①]升炊烟
羊叫人欢皆石雕
气势磅礴塑金源

注:①雷木:指雷木屯,在九龙山东。

横头品枫

车向东

云淡天高远,横头凛早寒。
秋风霜剑舞,万紫壮千峦。

松峰朝曦

车向东

万壑云涛涌，千山假彩虹。
晨风天上啸，雾霭沐松峰。

横头山之晨

于亚非

晨光幽暗里，露水透衣清。

栈道盘山去，林禽尚未鸣。
岭巅石异诡，足下诸峰横。
忽见朝暾起，层云写巨龙。

晴迎横头山

于亚非

日晴云淡荡远空，簇簇红枫遍岭中。
侧耳轻聆何籁响，蛙鸣溪谷送琴声。

横头山秋夜

马艳春

又是秋风落叶时，无声红艳影入池。
余香暗递青山醉，冷露风寒透衣湿。
迷眼林深花坠早，痴心水浅映树低。
浮舟静水云伴月，玉色流连在虎溪。

天净沙·吊水湖

王　勇

何时吊水一湖，九重河汉溢出。鹤来同云圣舞，希音不住，酒神词怪仙庐。

临江仙·横头山

王　勇

莽莽横空天巨制，纵思绝世宏篇。
预知深处问神仙。
朝云化紫气，暮霭生霞烟。
石缝交流幻想曲，小径出没攀缘。
彩蛱导我上峰巅。
背霄凝眸子，叠翠隐奇观。

临江仙·松峰山幽居

王　勇

斗转星移今易古，梦中风月何年。
几杯陈酿醉无眠。
朝来吞紫气，暮后吐霞烟。
黄鹤白鸥流水碧，翠嶂青谷幽兰。
蝶光风影众蛙喧。
欲寻空妙处，听我话自然。

蛙　鸣　溪

王永年

隐隐清溪送野风，嶙石喝畔觅蛙声。
俯身忽见溪中我，方悟原来在画中。

游松峰山(四首)

王怡德

棋　盘　峰

十九竖复十九横,古松常伴掩纹枰。
凌绝对奕修真性,真果原是四大空。

双　乳　峰

天庭仙降双乳峰,媲美三秦岱岳青。
冬雪夏霖施甘乳,俯视金源五谷丰。

人头砬峰

神工鬼斧造山雄，崖首英姿望九穹。
岁岁朝朝迎旭日，群山瑞霭紫气生。

吊水湖岭

满目琼林满目山，抬头又见雁飞南。
红枫野果秋山好，任我悠游天地间。

卜算子·横头初雪

王凯霞

梅蕊爱苍穹，峭壁横松影。
绕过头崖处处飞，洒满山弯径。
蒲草掩惊禽，野果留人省。
占尽山山座座峰，凤落龙江冷。

诉衷情·赏龙凤树

王凯霞

春深姐弟去赏春，惊落露花行。
当年龙凤何处，香远旧时名。
茶未献，客先行，慕凉亭。
凡姿隔尘，穿云播瑞，树壮人兴。

横　头　山

刘　军

一山横卧林海中，绿树葱茏原始生。
每遇秋阑霜击叶，犹胜春花映山红。

咏人头砬子

刘　军

不惧风霜凌苍颜，高踞颠端林海前。
春花烂漫秋红叶，冬装素裹夏绿衫。
白昼常听鹰雀语，黑夜时伴熊虎眠。
坐观稻谷千重浪，守山护民一方安。

游圣地松峰山

刘　军

松峰山高耸城东，谷深峰秀郁葱葱。

危岩峭壁峦叠嶂，奇石巍峨鬼斧工。
天意造化钟灵秀，崖上苍苍不老松。
古寺棋盘太虚洞，远近闻名香火升。
蝶舞蜂旋戏芳艳，绿荫林内喧鸟声。
旅游胜地人云集，欢声笑语漫晴空。

鹧鸪天·横头山吊水壶景观

刘万儒

吊水壶旁野趣浓，怪石斜立一绝成。
参天古木云蔽日，叠翠层峦百鸟鸣。
说不尽，爱山情，栈道引我跨奇峰。
中秋枫叶染千壑，多彩群山北国风。

雨过山村

孙　义

细雨方停动噪蛙，潺潺溪水绕白桦。
相呼姊妹寻山去，惊醒亭边杜宇花。

题横头山

孙　义

秋游来大岭，赏物动诗情。
龙凤张华伞，红枫列锦屏。
径曲通暗谷，林密掩王陵。
木栈飘摇下，迎送有归鹰。

横头山赏秋

孙　义

林海松峰映青崖，清风漫卷五色花。

蛙鸣溪畔观飞鸟，九帝岩头看彩霞。
最爱山中红叶好，霓裳轻舞似仙家。
飘回大地成尘土，待到春来再护花。

枫 叶 咏

朱立新

来也轻轻，去也匆匆。
生也葱茏，逝也孤零。
心心相印，叶叶关情。
红极一时，浪漫一生。

横 头 山

朱立新

苍松劲柏傲群峦，白桦亭亭立谷间。
坡北坡南观醉叶，岭前岭后赏杜鹃。
养生何必寻他地，幽隐首推横头山。
满目青峰尘虑远，快哉融入大自然。

鹧鸪天·夏赏横头山

牟宪贵

夏日初游至横头，连篇美景不胜收。氧吧天赐清心肺，绿色无边松柏道。
抬望眼，赏斑鸠。狐仙洞侧恼烦丢。蛙鸣溪里观鱼跃，鸟语林中诗韵留。

六州歌头·游横头山

沃龙云

横头山路，栈道陡蛇行。林荫处，山花俏，绿丛中，紫黄红。古树根隆起，盘交错，缠巨垒，石牛卧，枝叶茂，百拾龄。声远空传，悦耳飞鸣鸟，山旷相应。力登高且远，回首立巅峰，一览川平，挽清风。

看山光好，森林密，野花傲，暑凉清。日光漏，斑驳地；陆离坪。过清风，吐故吸新气，负离子，畅心情。幽寂静，脱尘世，入仙篷。久住喧嚣市里，车鸣叫，拥挤人行。此日得余兴，偶尔上山峰，尽赏通灵。

横头山之秋

那兴伟

九月苍山五色光，莫名万木染衣香。
秋风无赖羞红叶，尤遣奇石做伴郎。

踏莎行·游横头山

邵文治

横卧苍山，郁葱林树。
通幽曲径林荫路。
谷中红叶映云霞，险峰怪石皆收目。
野果山珍，藤缠古木。
丹枫醉染叠嶂处。
天工彩绘景观佳，金源如画他乡妒。

题横头山

邵佳鸿

横头山里有洞天，山水相辉景怡然。
春至黄莺歌婉转，夏来蛙叫动山川。
醉秋红叶赤如火，雪染群峰恰似莲。
龙凤相偕同祈福，松涛齐唱画中仙。

蝶恋花·横头拾枫

邵佳鸿

次第妆成红烂漫。点缀层林，铺向群山远。掩映流光羞顾盼，经霜惹起芳菲怨。
莫问前情谁主管。此刻娇羞，专供痴心汉。一瞥红颜心已乱，收藏一叶回家看。

一剪梅·梦游横头神树

邵佳鸿

山水情怀借梦圆。心也牵牵，魂也牵牵，

蛙鸣溪边弄清涟。风也悠然，月也悠然。
相望神树[①]觅金兰[②]。爱也怜怜，怨也怜怜。
人间情话为哪般？古也缠绵，今也缠绵。

注：①神树，指横头山中龙凤树。②金兰，意指知己，古有“义结金兰”之说。

捣练子·故乡横头山

矫万然

松展翠，柏舒青，柳态榆姿撩叶风，彩影飘忽花乱舞，东啼南啭绿蛙声。

捣练子·松峰月夜

矫万然

山寂静，夜空濛，暮霭横林古寺钟。雅渡闲关人字远，秋声和月眺双峰。

七绝·秋访松峰山

殷显庭

灿日升腾染碧空，诗仙雅士赴松峰。
金秋枫叶遮峦耳，欲引新朋唱大风。

七绝·夏游松峰山

殷显庭

夏临胜地觅仙踪，怪柏虬松拱手迎。
攀上崖颠擎雾霭，进得观内悟真经。

七律·咏松峰山

殷显庭

霜严雪冷日行迟，绝顶攀援去猎奇。
拜斗台前读偈语，海云观内悟禅机。
太虚洞里参玄道，天井峰颠解惘痴。
远眺层峦接大蟒，乾坤素裹待题诗。

七绝·浴横头山天然氧吧

殷显庭

每日身如铐锁加，肝心脾肺忒劳乏。
寻医讨药驱疾患，莫若横头浴氧吧。

七绝·咏横头山九龙岩

殷显庭

天降横头孕九龙，云拂日沐始飞腾。
帝王万载终灰灭，永见青山晓月明。

七绝·游横头山感怀

殷显庭

莽莽苍山万代道，风光四季灿横头。
疗身浣脑舒心肺，原始奇观任尔游。

七律·观横头山天然动植物博物馆

殷显庭

横头缥缈沐霞光，看海观云颂梓桑。
紫椴红松遮酷日，鲜蘑蜜枣吐幽香。
林蛙布谷啼清曲，野鹿银狐理炫装。
圣水灵山涤肺腑，养生不再赴他乡。

鹧鸪天·横头山森林公园览胜

舒兴亚

林海松涛景自然，蛙鸣溪谷响清泉。
千年神树千年古，白桦民谣百里传。
芳草绿，野花鲜，踏青寻兴荡悠闲。
一气攀上横头顶，极目峰岚心底宽。

咏松峰山

董春风

古寺倚云起，晴天一线斜。
鸟鸣松径外，石上印苔花。

鹧鸪天·游松峰山

董春风

拔地松峰耸入云，游人无处不销魂。
白云深山藏古寺，双乳峰高妙入神。
棋盘岭，道士坟，满山红叶更迷人。
山峰更助登临兴，杜鹃声里又逢君。

题横头山红叶节

董春风

一

天地有灵气，横头乱紫烟。
经霜一夜雨，五色染秋山。

二

感谢霜翁老画工，自调彩笔點猩红。
丹枫昨夜偷仙酒，羞将酡颜掩醉容。

三

金源多秀色，横谷碧浮空。
怪石生奇树，溪涧有蛙鸣。
游人临曲径，流水绕青松。
攀上凌绝处，遥看遍岭红。

踏莎行·松峰山劲松

廖　玉

擎电接雷，云来雾去。坦然兀立绝崖壁。踞高瞰海远尘寰，严寒酷暑堪沧碧。
翠耸云天，挺拔绚丽。挟风呼啸松峰奕。八方流韵醉千山，万般豪爽雄浑气。

水调歌头·松峰山赏景

廖　玉

天瑞罩峰影，紫气绕浮岩。山尧苍秀兀立，一任耸高天，葳蕤金松清柏，碧染藤荆螺黛，石上走飞泉。鸟兽迓游客，登临有仙缘。

拜斗凌，太虚幻，寺钟喧。盈盈偈语，神赐灵霭浣松山。原始风情毓秀，云蔚霞妍凝碧，禅阙伴晴岚。伫看终似幻，神魄总飘然。

忆江南·秋游横头山(六首)

廖　玉

一

秋阳俏，金浪稻菽潮。风袅云舒浮紫燕，群翁怡兴驶东郊，朗朗笑声高。

二

峦嶂漫，峰壑五花涛。伯虎丹青羞逊色，谁挥彩笔绘秋坳，惹我忘春郊。

三

林森谧，幽径走廊桥。且看泉石流秋韵，丹飘黄逸烂纷潮，归雁唱秋高。

四

登极顶，鸟瞰彩云霄。一目眭击收百里，千山一览我独高，近山更妖娆。

五

神怡爽，翁妪悦容姣。离却红尘浊世远。似仙似醉乐逍遥，忘情踏虹桥。

六

斜阳照，余兴总难消。弃峤入村庄户乐，农家饭菜饮小烧，味美胜佳肴。

横头山

薛清弼

横头山下溪水湾，朱亭碧阁列山间。
喜尝村酿葡萄酒，自采山蘑味道鲜。
观枫叶，醉秋山，映红峦岭映红天。
串串辣椒串串火，挂满门旁房上檐。

游松峰山

代国诚

我爱松峰凌碧霄，南山北岭尽妖娆。
太虚洞内追仙韵，拜斗台前赏碧涛。
一线天边山石危，棋盘峰上铁索牢。
举杯高唱君须醉，盛世昌平看今朝。

天净沙·松峰山

白 琳

灵山仙洞极天，千年道观云间，胜似桃园入眼。彩霞铺绚，九州游客争攀。

游松峰山

刘连弟

山外青山岭外峰，千山万水总关情。
松涛阵阵歌林海，道观绰绰荡古钟。
海云观内参庄老，桃花源里颂升平。
最钟山顶仙人洞，入得洞来瑞气盈。

春游松峰山

贾 祥

春雨春风春晓天，松青松绿松峰山。
岭高树密无人处，唯有清新溢满川。

绿树深荫藏野寺，白云影落遮危岩。
雾障谷幽层云掩，晴空一现见奇观。

浣溪沙·秋登松峰山

穆星林

燕过霜浓醉万山，身乏脚重路犹艰，幽石曲径谱诗篇。
苍郁密林初觉冷，鸟声悦耳忘秋寒，峰巅咫尺誓登攀。

传承篇

山 神 歌

（神调）

关伯阳 词
奚景春 曲

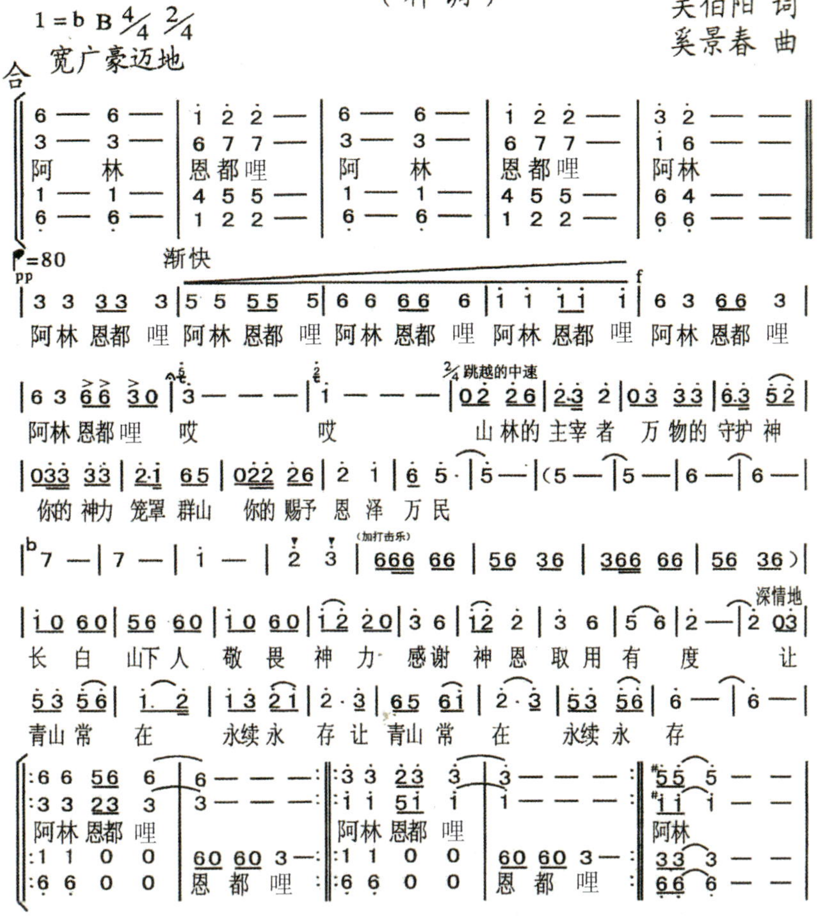

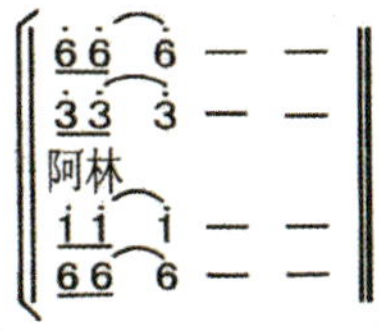

注：阿林恩都哩译满语大山，山神的意思，农历三月十六为满族山神节。

国家一级演员李洪学和他的同事在山神节祭典仪式上演唱《山神歌》

“山神节”开幕式组图

2013 年农历三月十六庆祝山神节，省、市、区领导及满联会人员莅临会场（左一为山神节司仪，左二为满联秘书长那国学主持庆祝活动，左三为代表性传承人陶相助，左四为阿城民族宗教局副局长赵百善，左五为满联会会长苍杰，左六为阿城文体局副局长杜进军，左七为阿城文体局党委书记何阿伟，左八为哈尔滨市南岗区法院王院长）

山神节代表性传承人、阿城区石材协会会长
陶相助老总致欢迎辞

2011 年农历三月十六日，省文化厅非遗处赵佩先副处长参加山神节祭祀活动并在开幕式上致辞

省、市、区领导莅临山神节庆典仪式（左一区政协副主席、满族联谊会会长苍杰，左二省文化厅领导，左三金史专家郭长海，左四区妇联主席鲍宏宇，左五、左六区档案局杨局长和杨副局长）

阿城区原政协副主席、满族联谊会会长苍杰在山神节庆典仪式上讲话

区文化局副局长杜进军在山神节庆典仪式上讲话

区民族宗教局副局长赵百善在山神节庆典仪式上讲话

区非遗保护中心主任王永年在庆典仪式上讲话

山神节文艺演出，区老年大学舞蹈队表演骑马战

山神节传承人陶相助敬献贡品